KB201139

초기 개신교 선교사들의
한국어교사

이 숙 지음

보고사
BOGOSA

책머리에

　서양 선교사들이 한국에 들어와서 가장 시급했던 일은 낯설고 물선 한국 생활을 안내하고 한국어를 가르쳐줄 만한 사람을 만나는 일이었다. 그 당시 한국인들이 서양인들과 왕래하는 것을 꺼리는 분위기 속에서, 서양 선교사들이 한국에 정착할 수 있도록 최전방에서 도움을 준 한국어교사들은 어떤 사람들이었을까? 더욱이 한글을 언문이라며 아녀자들이나 사용하는 글자 정도로 인식하였기 때문에 사전이나 문법책은 고사하고 체계적인 철자법도 마련되지 않은 상황에서, 그들은 외국인들에게 우리말과 글을 어떻게 가르쳤을까? 한국어를 한마디도 모르는 서양인과 영어를 한 단어도 모르는 한국어교사는 서로 어떻게 소통했을까? 이러한 궁금증 속에서 나는 백여 년 전의 한국어교사를 하나 둘 찾아내면서 이 글을 쓰기 시작하였다.

　다양한 자료들을 들춰내면서 초기 개신교 선교사들에게 한국어를 가르쳐 준 교사들을 하나 둘 찾아내다 보니, 이름 없는 교사들이 많았다. 한국에 온 대부분의 선교사들이 당연히 한국어를 배웠지만, 한국어교사의 이름을 제대로 적어준 선교사는 그리 많지 않다. 그저 '한국어교사'라고만 적거나. 잘해야 '이 선생'이나 '김

씨'로 기록했다. 물론 평소에 성만 부르는 서양인들의 습관 때문이기도 하지만, 언어교육에 아무런 지식 없이, 어떤 경우에는 선교사 자신들의 도움을 받아가면서 자기네 모국어를 가르치는 한국인을 교사라기보다는 그저 현지인 중 한 사람이라고 생각해서 무심하게 넘겼던 선교사도 많았다. 우리나라 시조집에도 무명씨 작품이 많지만, 처음부터 이름이 없는 시인이나 교사가 어디에 있겠는가? 당연히 이름이 있었는데, 그 이름을 기록하지 않다 보니 역사 속에서 이름 없는 사람이 되어버렸을 뿐이다.

이들은 한국 문화의 안내자이자 언어교사였지만 동시에 선교사들에게는 가장 먼저 선교해야 할 대상이기도 하였다. 그래서 이 당시의 한국어교사들은 서양의 신문명과 개신교를 남들보다 먼저 만나고 받아들이면서 신학문의 앞선 수혜자가 되었고, 한국이 근대화되는 과정에서 주요 책무를 담당하게 되었다.

국어학계의 거목 주시경 선생도 배재학당에서 서양 선교사들에게서 신학문을 배우고, 또 그들에게 한국말을 가르치면서 민족의 말과 글을 다듬고 가르치는 일만큼이나 애국하는 일이 없다고 믿게 된 것이다. 화이팅 선교사의 한국어교사였던 이승만 박사 역시 그때까지 과거시험을 위해 한학에 매진해 오다가 선교사들의 신학문 영향을 받으면서 완전히 새로운 진로에 들어서게 되었다. 그 외에도 한국어교사 가운데 상당수는 기독교 목회자가 되었으며, 근대 의료의 전문가가 되었고, 정치 분야에서도 독립운동에 투신한 분들도 많다.

이름 없이 사라질 뻔했던 백여 년 전의 한국어교사들 이야기를 연재하도록 기회를 주신 『기독교사상』의 김흥수 주간과 정필석 편집장에게 감사드린다. 또한 연재되었던 글들을 모아 책으로 펴내주신 보고사 김흥국 사장과 이순민 선생께도 감사의 말씀을 전한다. 호주 선교사에게 한국어를 가르치던 교사 박신연의 사진을 표지에 사용하게 허락해주신 이상규 교수께도 감사드린다. 앞으로 기회가 되면 경남지방의 호주 선교사, 호남지방의 남장로교 선교사, 평양의 장로교 선교사들을 가르쳤던 한국어교사들의 자료들을 추가로 정리하여 개정판을 내고 싶다.

　세계 속에서 한국의 위상이 높아지고 그 어느 때보다도 한류가 확산되면서 한국어를 배우려는 학습자들이 늘고 있으니 반가운 소식이다. 그러나 한국어교사의 길은 낯섦과 직면하는 일이다. 한국어교사를 꿈꾸는 나의 제자들이 이 책 속에 소개된 선배 한국어교사들이 백여 년 전에 겪었을 도전들을 그려보면서 앞으로 수없이 만나게 될 낯설음을 설레는 도전으로 받아들일 수 있기를 희망한다.

2020년 3월 20일
이숙

차례

1

한국어에 대한 서양인들의 관심

외국인에게 쇄국적이었던 한국의 전근대

삼국시대에는 외국과의 교류가 자유로웠는데, 고려시대와 조선시대를 거치면서 점점 더 장벽이 높아져 쇄국시대가 지속되었다. 삼국시대 학생들은 서해를 건너 수나라와 당나라에 자유롭게 유학했으며, 과거시험에 합격해 그곳에서 벼슬도 하였다. 우리나라 최초의 문집인 『계원필경』도 최치원이 중국에서 지은 작품만 편집한 것이다. 당나라 곳곳에 신라방이 있어, 일본의 승려들이 장보고의 도움을 받아 지낼 정도였다. 무역도 활발해서, 실크로드의 종점이 신라 경주라고 주장하는 학자들도 있다. 인도의 승려들이 우리나라에 와서 불교를 전했고, 우리나라 승려들이 일본에 가서 그림을 그리거나 학문을 전하였다. 백제 박사 왕인이 일본에 『천자문』과 『논어』를 전해 주었다는 사실이 일본 역사에 기록되기도 하였다.

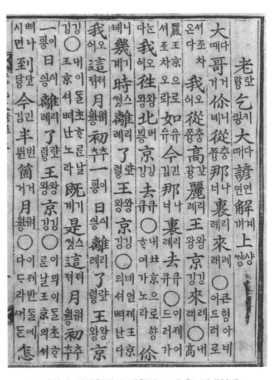

조선시대 사역원에서 배웠던 교재 『노걸대언해』

　고려시대에도 원나라와의 왕래가 자유로워서, 충선왕은 북경에
만권당을 짓고 고려와 원나라 학자들이 학문을 토론하게 하였다.
개성의 중국어 교육기관에서는 중국 원어민 교사가 가르쳤으며,
이슬람 식당 쌍화점에서는 회회아비가 장사하여 「쌍화점」이라는
노래가 유행하였다.

　그러나 조선시대에는 명나라와 벽을 쌓아서, 두 나라 백성들이
서로 오갈 수 없게 되었다. 정해진 시기에 정해진 길을 따라 공식적
인 사절단만 왕래하였고, 외교적인 예물을 주고받는 과정에서 소규

모의 무역이 이뤄질 뿐이었다. 조선시대 사역원에서 사용하던 중국어교재는 『노걸대』인데, 고려 상인 3명이 말과 인삼, 모시 등의 특산물을 싣고 중국의 북경으로 가서 팔고 그곳의 특산품을 사서 돌아올 때까지의 내용을 담았다. 상권은 완전히 회화체로 되어 있으며, 말을 사고파는 법이나 북경에 도착하여 여관에 드는 방법, 조선의 특산물인 인삼을 소개하는 방법 등이 중국어로 소개되어 있다. 48장 106절로 구성된 주요 장면마다 대화가 있어서, 이것을 가지고 여행이나 실무에 필요한 중국어를 익힐 수 있도록 하였다. 교재 속의 시대가 고려시대, 인물이 고려인으로 설정된 것은 고려시대에 만들어진 책이기 때문인데, 조선시대에는 상인이 자유롭게 중국을 갈 수 없으므로 고려시대 교재를 수정해가며 계속 사용할 수밖에 없었다. 고려시대처럼 중국인 교수자가 고려에서 가르칠 수 없으므로 종이책을 가지고 회화를 배웠던 것이다.

1876년에 부산을 개항하고 1883년에 인천을 개항하면서 서양인들이 합법적으로 한국에 들어오기 시작했으니, 그 이전에 입국한 서양인은 표류한 선원들과 임진왜란에 종군했다는 스페인 신부 세스페데스(Gregorio de Cespedes)뿐이었다. 세스페데스 신부가 종군한 것이 아니라 한국인들에게 포교하기 위해 1593년에 스스로 입국했다는 학설도 있지만, 결국 한국인들과 접촉하지 못하고 포교를 못한 것은 사실이다. 그가 상륙한 창원 바닷가에 세스페데스 공원이 조성되어 그 흔적만 남겼을 뿐이다.

일본에서 한국어에 관심을 보인 독일인 의사 지볼트

서양인들의 한국어 연구는 한반도 밖에서 시작되었다. 우리보다 앞서 개항한 중국과 일본에는 이미 외교나 선교 목적 등으로 서양인들이 들어와 있었는데, 바로 이웃한 한국이 그들의 관심 대상이 되는 것은 당연한 일이었다. 처음에는 중국과 일본에서 한국과 교역하는 역관들이 사용하던 책자를 통해 한국어 어휘를 접하는 수준이었다가, 차츰 현지에 표류 또는 억류 등으로 체류하게 된 한국인들과의 직접적인 접촉을 통해 한국어를 깊이 있게 관찰하고 연구하기에 이르렀다. 그러다가 쇄국정책이 바뀌어 외국인들에게 입국이 허용되자, 그동안 관찰자 입장에서 한국어를 연구하던 관점이 변하여 한국어를 배우고자 하는 실용적 관점의 연구로 전환되었다.

일본에 표착(漂着)한 한국인들은 나가사키(長崎)나 쓰시마(對馬島)를 거쳐 동래로 돌아왔다. 쓰시마에 표착하면 곧바로 동래로 돌아왔지만, 다른 지방에 표착하면 나가사키에 있는 쓰시마의 출장소인 조선관(朝鮮館)을 거쳐 동래로 돌아왔는데, 그 옆의 데지마(出島)에 네덜란드 상관(商館)이 있었다. 독일인 의사 지볼트(J. Philipp Franz von Siebold, 1796-1866)가 1820년대 나가사키에 있던 네덜란드의 동인도회사에 파견되었는데, 인류학에 관심이 많아 일본의 문화를 탐구하던 중에 옆 건물에 머물던 한국인들에게 관심을 가졌다. 그는 한국인의 첫 인상을 "한국인은 일본인보다 키가 크다. 체형은 균형이 잘 잡혀 있으며, 활발하고 기민하다"고 기록하였다.

---

1 유상희 역, 『지볼트의 조선견문기』, 박영사, 1987, 2쪽.

이때 동행했던 네덜란드인 화가 카를 위베르 드 빌네브(Carl Hubert de Villeneuve)가 사실적으로 그린 강진 사람 허사첨의 초상화가 책에 수록되어 있다.

표류 한국인이 올 때마다 숙소 앞에는 그들이 타고 온 배가 매어져 있고, 그들은 송환 절차가 끝날 때까지 몇 달을 이웃에 살았다. 지볼트는 그들이 북을 치며 불경을 외우거나 바둑이나 장기 두는 모습을 바라보다가, 일본인과 다른 한국인들의 문화에 흥미를 느껴 면담을 신청하였다. 그의 『조선견문록』 첫 부분은 인류학적인 접근으로 시작하다가, 자연스럽게 접견과 필담으로 이어진다.

지볼트는 감독관에게 선물을 보내어 나가사키 부교(奉行)의 허가를 받고, 1828년 3월 17일 한국인 숙소를 방문하였다. 고토렛토(五島列島)에 표착된 한국인은 전라도 출신의 어부와 선원, 상인 등 36명이었는데, 감독관은 그들 가운데 지식인 4명, 선원 1명, 견습선원 1명을 자기 방에서 지볼트와 만나게 해주었다. 지볼트가 그들에게 아라고(네덜란드 음료), 주네바(증류주) 등을 선물하자, 그들도 가

번역본에는 '조선인' '조선어'라고 했으나, 이 글에서는 한국인, 한국어로 통일하여 사용한다.

지고 있던 필사본 한문책, 두루마리 그림, 항아리 등을 선물하였다.

지볼트는 이미 일본인들을 통해 한자를 조금 알고 있었으므로, 한문으로 필담을 시작하였다. 지볼트의 네덜란드인 친구 화가 카를 위베르 드 빌네브(Carl Hubert de Villeneuve)는 옆에서 이들의 초상화를 그렸다. 그들이 스케치하는 일에 잘 응해 주었으므로, 지볼트와 빌네브는 그 뒤에도 몇 차례 이 한국인들을 방문하며 필담을 나누고 붓글씨 족자를 선물로 받아왔다.

순수한 한국어는 하늘·구름·바람·사람과 같은 두 음절 또는 세 음절의 단어가 많은데, 교양 있는 계층이 모음과 음절이 풍부하며 흐르는 듯한 모국어를 엄청난 중국어적인 표현으로 바꿔버렸다고 지볼트는 아쉬워했다. 한국의 고유문자는 열다섯 개의 자음문자가 오른쪽에 혹은 아래쪽에 표기되는 모음문자를 끼워서 음절을 구성하고, 재차 각각의 특성에 따라서 음절 혹은 단어 끝에 받침으로 사용되어지는 특성까지 파악할 정도로, 지볼트는 빠른 진도로 한국어를 터득하였다.[2]

허사첨과 김치윤 등을 몇 차례 인터뷰하면서, 지볼트는 그들이 단어, 음절, 문장의 경계를 잘 구별한다는 점도 지적하고 있다. 이는 처음 만나는 이국인에 대하여 또박또박 천천히 발음하는 모습을 묘사한 것이라고 생각한다.[3] 김치윤은 『천자문』에 음과 훈을

2 　지볼트와 한국인들의 만남은 위의 책 『지볼트의 조선견문기』 11쪽부터 29쪽까지의 내용을 요약하여 인용하였다.

3 　고영근, 「지볼트의 한국기록 연구」, 『동양학』 19집, 단국대학교 동양학연구원, 1989, 11쪽.

달아주고, 허사첨은 한시를 지어주었다. 이들은 "천지현황(天地玄黃) 생긴 후에 일월영칙(日月盈仄) 되었어라"식으로 『천자문』에 토를 달아서 가사체로 부르던 「옥설화답가」도 적어주어, 중국의 한자를 빌려 쓰던 한국인들이 어떻게 언어생활과 문학생활을 하는지 보여주었다. 지볼트는 그 후 네덜란드에 돌아가서 『일본』이란 책을 출간하는데, 이 책의 7장 언어와 문자 편에 실린 한국어에 관한 기술이 서양인에 의한 최초의 한국어문법 기술로 평가되고 있다.

한문 필담을 통해 한국어 어휘를 수집한 귀츨라프 선교사

귀츨라프(Charles Gutzlaff)는 지볼트와 같은 시기에 중국에서 활동하던 독일계 네덜란드 선교사인데, 15세 때부터 아랍어와 터키어를 배웠던 그는 23세에 네덜란드선교회로부터 자바에 파견되어 중국어를 배웠다. 그는 조선·타이완·일본에도 관심을 가졌는데, 1832년 2월 26일 동인도 회사는 동북아시아에서 새로운 통상지를 얻기 위해 로드 애머스트호(Lord Amherst)를 용선하여 탐사를 시작하였다. 7

귀츨라프 선교사 초상화

월 22일(음력 6월 25일)에 이 배는 공충도 홍주의 고대도(古代島) 뒷바다에 나타났다. 귀츨라프는 홍주목사 이민회(李敏會)와 수군 우후(水軍虞候) 김형수(金瑩綬)와 한문으로 대화를 했다. 그는 주민들에게 한문 성경과 전도문서를 나눠주었다. 그는 주기도문을 한글로 번역하여 가르쳐 주고, 한글 자모를 받아 적은 다음 이를 세계에 알리기도 했다.

그는 선교보고서 *The Chinese Repository*(1832)에서 〈조선어론〉의 제목으로 한국어를 소개하였는데, 이는 그가 수집한 어휘 목록과 함께 그 당시의 서양 선교사들에 의해 진행된 한국어 연구를 포괄하는 내용이다.

로니(L.de Rosny)는 일본어와 중국어에 능통한 프랑스인 동양학자이다. 그는 1866년 「한국어에 관한 소견(Aperçu de la langue coréenne)」이라는 논고를 집필하였는데, 일반 언어학 관점에서 한국어문법 기술을 시도한 최초의 업적이라고 평가된다. 그러나 그가 직접 한국인과 접촉할 기회를 갖지는 못하였으므로, 지볼트의 한국어문법 기술 내용을 전적으로 수용하면서 이를 언어학적 관점으로 기술한 것이라는 특성을 보인다.[4] 그러나 이때까지 한국어를 연구한 서양인들에게 한국어를 체계적으로 가르친 교사는 없었다. 요행히도 적극적인 정보제공자들을 만났을 뿐이다.

---

4 고영근, 『국어문법의 연구』, 1994, 257-258쪽.

중국에 머물면서 한국어 문법을 정리한 선교사 달레와 로스

달레(Charles Dallet)는 중국에서 활동하던 프랑스 선교사이다. 그가 1874년 『조선교회사』 서론 7절에 「조선어」를 소개하는데, 한국어를 인도 유럽어와의 문법적 특징을 비교하는 방법론적 한계가 있으나, 전반적이고 체계화된 최초의 문법기술이라는 역사적 평가를 받는다. 달레가 한국에 입국하지 않고도 이러한 체계적 기술이 가능했던 배경에는 시기적으로 더 늦은 1881년에 출판된 리델의 『한어문법』 원고가 리델이 중국에 머물던 1866년부터 원고 형태로나마 참고할 수 있었기 때문인 것으로 추정된다.

스코틀랜드인 선교사 로스(John Ross)는 매부인 맥킨타이어(John MacIntyre)와 함께 만주에 머물면서 한국인 인삼 장수 이응찬, 서상륜 등의 도움을 받아 1887년에 신약성서 번역을 완성했다. 또한 1876년에 『중국관화입문 *Mandarin Primer*』이라는 중국문법서를 편찬하였고, 1년 뒤인 1877년에는 동일한 체제로 『한국어입문 *Corean Primer*』를 출간하였다. 이 책은 문법기술에 중점을 둔 서양인들의 앞선 저작들과는 달리 회화용 학습서이다. 한국어 회화문을 한글

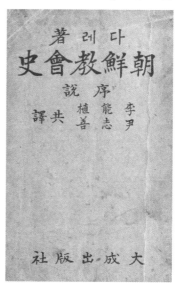

달레의 『조선교회사』 초기 번역판

과 로마자로 제시하여서 학습자들이 스스로 한글 발음을 터득하고 문법 규칙을 추론할 수 있도록 구성하였다.

한반도 밖에서 이같이 생생한 회화 예문과 함께 로마자로 현실 발음을 제시할 수 있었던 것은 그가 만난 의주 출신의 한국인 행상 이응찬의 역할이 있었기에 가능했을 것이다. 이 책은 그 후 『조선어법 *Korean Speech with Grammar and Vocabulary*』의 이름으로 수정

국내에서 가장 오래 된 로스의 1882년판 『요한복음』. 개인 소장.

보완되어 출판되면서 훗날 내한하는 언더우드(H. G. Underwood), 아펜젤러(H. G. Appenzeller), 게일(J. S. Gale) 등과 같은 서양 선교사들의 한국어 연구에 크게 공헌한 것으로 보인다.

한국에 들어와서 체계적으로 이중어사전을 만든 선교사들

리델(Felix-Clair Ridel)은 1861년에 한국에 입국한 프랑스 신부이다. 그러나 병인양요(1866)가 일어나자 천주교 신자인 최지혁과 함께 만주로 탈출하여 그곳에서 한국어 연구에 매진하였다. 그 결과 1880년에 『한불자전』이라는 역작을 출간하게 된다. 그리고 이듬해인 1881년에 『한국어문법 *Grammaire Coréenne*』를 연달아 펴내었다. 이러한 리델의 역작 배경에는 그보다 앞서 1845년에 한국에 들어와 20여 년간 한국어 연구에 힘쓰다가 병인양요 때에 순교한 프랑스 신부 다블리(Daveluy)의 전작이 큰 도움이 되었을 것이라고 추정된다. 또한 리델 자신이 6년간 한국에서 생활하며 습득한 지식과 더불어 최지혁이라는 훌륭한 조력자 덕분에 가능했을 것이다. 이들은 순교당할 위험을 무릅쓰고 방대한 분량의 한불사전 원고를 작성했으며, 피신할 때마다 몸에 지니고 다녔다. 지볼트와 로스가 각각 전라도 방언과 함경 평안 방언에 기반을 둔 문법 기술이었다면, 리델의 문법기술은 서울말을 기반으로 한국어 문법의 전반적인 체계를 기술했다.

1884년에 내한하여 인천에서 부영사로 근무한 영국 외교관 스콧

(James Scott)은 1887년에 『조선어입문(언문말책): *A Corean Manual or Phrase Book with Introductory Grammar*』을 출간하였는데, 로스와 리델의 업적을 종합한 문법 기술을 바탕으로 구어 중심의 한국어를 학습하는 데에 도움을 주고자 하였다.

미국 북장로교 선교사 언더우드(H. G. Underwood)는 1885년에 내한하기에 앞서 일본에 머물면서 한국어를 배우기 시작하였다. 그는 도쿄외국어학교에서 한국어를 가르치던 이수정으로부터 임브리(William Imbrie) 선교사가 지은 『영일어원 *English - Japanese Etymology*』을 한국어로 대역해가면서 한국어를 체계적으로 학습하였다. 언더우드는 한국에 들어온 후에도 한국어 연구에 심혈을 기울였는데, 그의 두 번째 한국어 선생은 가톨릭 신자인 송덕조이다. 그는 리델의 『한불자전』 편찬에도 참여한 바 있고, 프랑스 신부들에게 한국어를 가르친 경험이 있는 사람이었다. 언더우드가 처음에 송덕조를 소개받고 천주교 신자라는 점과 프랑스 신부들과의 교류가 있다는 점을 거북하게 생각했으나, 나중에는 송덕조의 한국어 도움이 자신의 사전편찬에 얼마나 지대한 공을 끼쳤는가를 회고하면서 하나님께 감사하였다. 그는 1886년에 『한영사전』과 1890년에 『한영문법』을 출간하였다. 이 책의 서문에 리델의 『한어문법』이 참조되었음을 언급하였는데, 리델의 문법 기술을 수정 보완하면서 영문법 체계에 의존한 바가 크다.

캐나다 출신의 선교사 게일(James S. Gale)은 1888년에 한국에 들어와 1928년에 한국을 떠날 때까지 한국어와 한국학 전반에 대해 많은 연구 업적을 쌓았다. 그는 원래 신학교 출신이 아닌 인문학

전공자였으므로, 그의 저서는 한-영 혹은 영-한 번역이 많았다. 김만중의『구운몽』같은 한국 고소설이나 한국 민담 등을 영어로 번역하기도 하고, 존 번연의『천로역정』을 한국어로 번역하기도 하였다. 그뿐 아니라『한영사전』을 3판에 걸쳐 개정 보완하며 편찬하였고, 한국어문법서(Korean Grammatical Forms)에 해당하는『사과지남(辭課指南)』을 1894년에 출간하였는데 이 책은 한국어 습득에 필요한 어미 체계와 조사에 대한 문법서이다. 이 책에 기술된 문법 체계 또한 리델의 문법 기술 체계와 나란한 면이 많다.

한국어가 한국의 지식인들 사이에서는 너무 쉽고 비천하여 아녀자들이나 쓰는 암말로 취급받던 시대에 서양인들이 한국인들과 의사소통을 하기 위해 한국어 연구에 공을 들이기 시작했다. 그들이 한국어를 체계적으로 배워 나가면서 문법과 사전을 정리할 수 있게 가르치고 도와준 한국어교사들은 대부분 문법이나 영어를 몰랐던 한국인들이었다. 전근대의 한국인 지식인들은 한국어문법이나 회화 교수법에 관해 제대로 배울 기회가 전혀 없었기 때문이다. 이들은 선교사에게 한국어를 가르치면서 남들보다 신문물에 일찍 눈을 떠서, 다양한 분야의 선구자가 되었다. 앞으로 선교사들에게 도움을 주었던 한국어교사들의 발자취를 한 사람씩 찾아 나서보기로 한다.

2

로스 선교사에게 한국어를 가르치고 함께 성경을 번역한 이응찬

연행사가 출입국 수속을 하던 책문, 고려문

한국 기독교사상 첫 번째로 선교사가 한국어교사를 만나 성경을 번역하던 고려문은 예전에 책문(柵門)이라는 이름으로 더 잘 알려져 있던 옛마을이다. 팔촌형인 박준원이 1780년에 건륭제의 70세 진하사절 정사로 청나라에 가게 되자, 연암 박지원이 개인 수행원인 자제군관으로 따라갔다. 그는 압록강 건너 첫 번째 마을 책문에 도착한 첫 인상을 이렇게 기록하였다.

말을 빨리 몰아 7-8리를 더 가서 책문 바깥에 닿았다. 양과 돼지가 산에 가득하고, 아침 짓는 연기가 푸른빛으로 둘러져 있었다. 나무쪽으로 목책을 세워서 우리나라와 중국의 경계를 간단히 밝혔으니, "버들을 찍어서 울타리를 삼는다"는 말이 바로 이것이다. 책문에는 이엉이 덮였고, 널판자 문은 굳게 닫혀 있었다.

목책에서 수십 보 떨어져서 사신들이 천막을 치고 조금 쉬려니까 방물이 다 도착했으므로 책문 밖에 쌓아 두었다. 여러 되놈이 목책 안에 늘어서서 구경하고 있는데 … 어떤 사람이 또 급하게 물었다.

"한 상공과 안 상공도 오시오?"

이들은 모두 의주에 사는 장사꾼이다. 해마다 연경으로 장사를 다녀서 이름이 높고 수단도 매우 뛰어난데다, 저쪽 사정도 잘 아는 자들이라고 한다. '상공(相公)'이란 장사꾼끼리 서로 높여서 부르는 말이다.[1]

사신들이 갈 때는 으레 정관(正官)에게 팔포(八包)를 내렸다. 정관은 비장과 역관까지 모두 30명이다. 예전엔 나라에서 정관에게 출장비를 주지 않고 인삼을 몇 근씩 중국에서 팔아 쓰게 했는데, 이 짐 보따리를 팔포라고 한다. 박지원 당시에는 나라에서 주지 않고 각자 은을 가지고 가게 하는데, 다만 짐 보따리의 액수를 제한하여 당상관은 3천 냥, 당하관은 2천 냥을 허락하였다. 이 은을 가지고 북경에 가서 여러 물건으로 바꿔 이익을 남기는 것이다.

가난해서 제 돈으로 은을 가지고 갈 수 없으면 그 포의 권리를 파는데 송도, 평양, 안주의 장사꾼이 포의 권리를 사서 그 사람 대신 은을 넣어 가지고 간다. 그러나 이들은 스스로 북경에 들어가지 못하므로, 포의 권리를 의주 장사꾼에게 넘겨주어서 물건을 바꿔 오는 것이다.

---

1 허경진 역, 『열하일기』, 현암사, 2009, 36~37쪽.

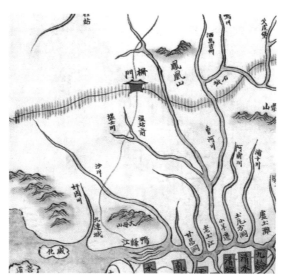

봉황산 아래 버드나무 울타리 가운데 책문이 있다.
압록강에서 구련성을 거쳐 책문까지 120리이다.

책문 밖에서 다시 책문 안을 바라보니, 수많은 민가가 다섯 들보 정도 높이 솟아 있고, 띠와 이엉을 덮었다. 등성마루가 훤칠하고 문호가 가지런하며 네거리가 직선이어서, 양쪽 가가 마치 먹줄을 친 것 같았다. 담은 모두 벽돌로 쌓았고, 사람 탄 수레와 화물 실은 차들이 길에 즐비하며, 벌여 놓은 그릇은 모두 그림이 그려진 도자기였다. 어디를 보아도 시골티라고는 조금도 없다. (39쪽)

압록강부터 책문까지는 거의 사람이 살지 않는 벌판이다가, 갑자기 장사꾼들이 북적대는 시장바닥에 들어서게 되었다. 책문은 청나라의 봉금정책에 따라 설치된 버드나무로 만든 울타리, 즉 유조변(柳條邊)의 출입문이다. 유조변은 청나라 황실의 발상지인 용흥지지(龍興之地)를 보호하는 한편, 흑룡강 유역으로 남하하는 러시아에 대비하는 목적에서 만들었다. 버드나무를 꽂아 담장을 만든 형태로 높은 것은 서너 자이고 낮은 것은 한두 자였다. 조선 후기 관방지도인 「조선여진분계도(朝鮮女眞分界圖)」에는 봉황성에서 개원의 위원보까지 여섯 개의 책문이 그려져 있는데, 우리에게는 연행사가 드나들던 책문이 잘 알려졌다.

의주 장사꾼들은 청나라의 국경도시 책문에 자주 드나들며 거래를 하였으므로 중국어도 잘했고, 중국인들과 친구처럼 친숙했다. 현종 초부터 사절단을 따라가는 상인들뿐만 아니라 책문후시(柵門後市)라는 이름으로 사상(私商)이 묵인되다가 세금을 부과하는 형식으로 공인되었다.

19세기 후반까지도 중국인을 포함한 외국인은 조선에 들어올 수 없었고 조선에서도 의주 장사꾼들만 책문에 들어갈 수 있었으므로, 스코틀랜드 선교사 존 로스는 조선어로 성경을 번역하고 선교하기 위해 책문에서 의주의 장사꾼들을 접촉하였다.

만주족, 한족, 조선족들이 뒤섞여 살게 된 봉금지역 서간도

남경조약과 천진조약 이후 청나라가 28개 처에 조계지를 제공하자, 수많은 개항장들이 기독교 선교의 거점이 되었다. 산동반도 지부(芝罘)를 거점으로 선교하던 스코틀랜드성서공회 중국지부 총무 윌리엄슨이 1865년에 토머스(R. J. Thomas)에게 한문 성경을 주어 한국 서해안을 방문하게 했는데, 1866년에 제너럴셔먼

호를 타고 평양까지 들어간 토머스는 주민들에게 성경을 전하다
가 대동강 가에서 순교하였다.

흉년이 계속되자 산동 주민들이 대거 만주로 이민 왔으므로, 월
리엄슨도 1867년 봄에 책문에 와서 한국 선교의 문을 두드렸다.
책문은 병자호란 때에 잡혀간 고려인의 후예들이 산다고 해서 당
시 고려문(高麗門)으로 불렸다. 연행사가 청나라에 가거나 돌아올
때에 책문이 열렸는데, 천주교 선교사들도 이때에 몰래 한국으로
들어왔었다. 신유박해 때에 순교한 중국인 주문모(周文謨) 신부가
신문과정에서 그런 사실을 자백하였다.

> 추국 죄인 주문모가 우리말에 익숙하지 못하므로 글을 써서 아뢰
> 겠다고 청하였는데, 그 글이 이러하였다.
> "이 몸은 대대로 소주(蘇州) 땅에서 살다가 장년이 되어 북경의
> 천주당(天主堂)에 와서 머물러 살았습니다. 갑인년(1794) 봄에 조
> 선인 지황(池璜)을 만나 동지사(冬至使)의 행차 때에 변문(邊門)이
> 통하였으므로 비로소 책문(柵門)을 나와 (조선에 들어오게) 되었는
> 데, 서양인 양동재(梁棟材)가 소개하였습니다."
> 　　　　　　　　　　　　　　　－『순조실록』 1801년 3월 16일.

주문모는 역관 지황을 따라 책문을 통해 조선에 들어왔는데, 역
관들은 책문을 거쳐 갈 뿐이지만 상인들은 물건을 사고팔기 위해
책문에 머물렀으므로 접근할 기회가 더 많았다. 19세기 후반에는
사람을 살지 못하게 했던 책문 바깥의 봉금(封禁) 지역에 이미 만주
족과 조선족이 상당수 숨어 들어와 여러 마을을 이루고 있었다.

압록강 건너편에 정착한 조선족의 규모가 수천 명을 넘어서자, 평안도 후창군 아전 최종범·김태흥·임석근 등 3명이 1872년 5월 30일부터 7월 11일까지 42일 동안 압록강 건너편 청나라의 봉금 지역을 돌아다니며 월강(越江)한 조선족의 실태를 조사하여 일기를 쓰고, 자신들이 답사했던 산야와 강줄기, 마을들을 채색지도로 그려서 『강북일기』를 편집하였다.

평안도에 흉년이 거듭되는데다가 무산부사가 착취를 일삼자 많은 백성들이 별세계 유언비어에 혹해 압록강을 건너왔다고 한다. 이 지역은 봉금 지역이라 청나라의 행정조직도 없었으므로 만주족들이 자체적으로 회상(會上)이라는 조직을 결성했는데, 삼수군 건너편에서 후창군 건너편까지 4백 리에 걸쳐 18개 부락을 하나의 회상을 만들었다. 우리나라 사람이 193호에 1,673명이나 되어 만주족보다 더 많았다.[2] 선교사들에게는 책문 일대 서간도가 조선으로 들어가기 위한 통로였을 뿐만 아니라 주변 여러 개의 회상에 흩어져 사는 조선족들 또한 선교의 대상이었다.

한국어 회화책 제1과를 교사 월급으로 시작하다

스코틀랜드연합장로교회 해외선교부에서 중국에 파견한 로스 (John Ross, 1842-1915)는 1872년 8월 23일 상해에 도착했는데, 윌리

---

2 허경진, 「중국조선족문학 최초의 작품과 그 창작배경에 대하여」, 『한문학보』 제18집, 우리한문학회, 2008.

엄슨은 선교본부에 "로스를 만주의 우장으로 파송하자"고 건의하였다. 우장(牛庄)에 거주하는 외국인들의 예배를 인도할 목사가 없었기 때문이다. 영구(營口)에서 중국어와 사서삼경을 공부하며 첫 겨울을 보낸 로스는 이듬해 5월 11일에 설교할 정도로 중국어에 익숙해졌다. 그가 태어나 어린 시절을 보낸 스코틀랜드 시골 마을에서는 19세기 중엽까지도 영어가 아니라 게일어를 썼으며, 로스는 학교에 가서야 정식으로 영어를 배웠다. 어린 시절에 이미 외국어를 배워서 일상생활을 했던 로스는 중국어도 빨리 배웠으며, 한국어에도 손쉽게 도전했다.

로스는 1874년 9월(음력)에 고려문이 열릴 때를 맞춰서 고려문에 도착해 한국 상인들을 접촉했는데, 그들은 기독교보다 로스가 입은 옷에 관심이 많았다. 그 가운데 50대 남자 상인이 여관으로 로스를 찾아와 만주어로 대화를 나누다가, 한문 성경을 얻어갔다. 의주로 돌아온 상인이 그 성경을 아들에게 주어 읽게 하였는데, 그 아들과 아들의 친구들이 뒷날 한국 개신교 제1세대 수세자(受洗者)가 되었다. 이 상인이 바로 백홍준의 아버지였다.[3]

여동생 캐서린이 1875년에 자신의 동료 선교사 맥킨타이어와 결혼하자, 로스는 개항장 영구를 그들에게 맡기고 선교기지를 심양으로 옮겼다. 1876년 3월(양력)에 강화도조약이 체결되며 한국의 문호가 개방되자, 로스는 4월 말에 다시 고려문을 방문하였다. 우장에서 데리고 온 하인의 소개로 의주에서 온 소가죽 상인을 만나

---

3 이덕주, 「초기 한글성경번역에 관한 연구」, 『한글성경과 겨레문화』, 기독교문사, 1985, 466-470쪽.

두 달 치를 선불하고 한국어교사가 되기로 약속했다. 그러나 국경 주둔 병사들로부터 괴로움을 당하자, 서양인을 도와주면 사형에 처해지는 국법이 두려워 그는 사흘째 되던 날 밤에 달아났다.[4]

그뒤에도 여러 사람과 접촉하다가, 드디어 몇 달간 머물며 한국어를 가르쳐줄 이응찬(李應贊)이라는 상인을 만났다. 로스는 월급을 네 냥씩 주기로 하고 봉천에서 한국어를 배우기 시작했는데, 한문과 중국어를 통해서 배웠다. 그는 한국어를 배우는 속도도 빨라서 이듬해에 한국어회화 교재인 *Corean Primer*를 간행했는데, 제1과가 아마도 로스와 이응찬이 처음 주고받은 한국어였을 것이다.

대국은 중국이니, 언어학습 능력이 뛰어난 로스에게도 한국어는 배우기 쉽고 중국어는 배우기 어려웠던 듯하다. 상해 출판사의 식자공 수준이 낮고 로스 자신도 교정볼 능력이 안 되어 틀린 글자가 많지만, 그가 기본적으로 평안도 방언을 배웠던 것만은 쉽게 알 수 있다. 로스는 "머지않아 한국에 나갈 외국 관리 및 상인, 특히 선교사들을 위해" 이응찬과 함께 이 책을 만들었는데, 그가 제1과 첫 문장을 한국어교사와 강사료를 흥정하는 내용으로 시작한 것은 공식적인 한국어학교가 없는 상황에서 서양인 개인이 한국어를 배우기 위해 가장 먼저 부딪치는 문제가 바로 한국어교사를 구하고 강사료를 협상하는 일이었기 때문이다. 로스 자신이 첫 번째 한국

---

4 『대한성서공회사 I』, 대한성서공회, 1993, 36쪽.

5 J. Ross, *Corean Primer*(Shanghai; American Presbyterian Mission Press, 1877), p.6.

니 되션 말 보이고쟈 한다
네 나를 션싱 디졉 하갓너니
니 디졉 히(하)올리
얼미나 주갓슴마
힌(한) 달에 넉냥
됴운 션싱은 맛망(당)이
　디구(국)말 암머니
되션말 보이기 쉽다
디국말 보이기 얼엽다[5]

인 교사에게 두 달 치 강사료를 선불로 지불했다가 뜯기고, 그 뒤에도 여러 차례 사람을 구하다가 돈만 잃었던 쓰라린 경험이 있었다.

　로스가 중국 상해에서 1877년에 간행한 한국어 교재 *Corean Primer*는 "BEING LESSONS IN COREAN ON ALL ORDINARY SUBJECTS, TRANSLITERATED ON THE PRINCIPLES OF THE "MANDARIN PRIMER, BY THE SAME AUTHOR."라는 부제를 달고 있다. 로스는 1876년에 이미 중국어 학습 교재인 *Mandarin Primer*를 저술했었는데, 여기에서 사용했던 로마자 음역(transliteration) 원리와 일상생활의 주제를 그대로 적용하여 *Corean Primer*를 저술한 것이다. 따라서 *Corean Primer*에 수록된 단원의 주제와 순서는 거

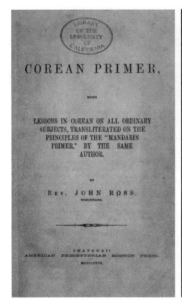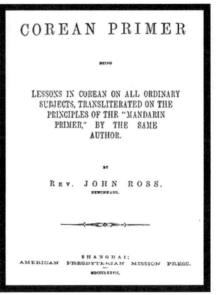

Corean Primer 표지

의 대부분 *Mandarin Primer*과 일치하고 대화문장의 내용도 서로 유사하다.[6] *Mandarin Primer*는 43개의 단원으로 이루어졌는데 이 중에서 한국 상황과 맞지 않는 중국의 계절 단원이나 문화 관습 관련 단원 11개가 삭제되고, 한국의 서당을 대화 배경으로 삼은 School 단원이 추가되어 *Corean Primer*는 33개의 단원이 되었다. *Mandarin Primer*에 중국어가 있었으므로, 로스의 책을 이응찬이 한국어로 번역하는 형태의 저술이었다. 물론 한국어 최초의 띄어 쓰기는 로스가 제안했을 것이다.

---

6 김주필·홍성지, 「한국어 교재 『*Corean Primer*(1877)』의 특성과 텍스트 형성 배경」, 『언어학』 78호, 한국언어학회, 2017, 99-129쪽.

이 책의 본문은 의주 방언으로 된 한국어 대화를 한글로 크게 쓰고, 그 다음 줄에 로마자로 발음하는 방법을 작게 쓰고, 그 다음 줄에 영어로 뜻풀이를 하였는데 한국어 단어마다 해당하는 영어 단어를 썼으므로 영어 문장은 아니다. 이 책의 본문에 실린 한국어 대화 예문은 평안도 방언이고 한국어 문장에 오탈자도 빈번하여서, 서양인에 의한 최초의 한국어교재라는 역사적 가치에도 불구하고 다른 지역에서 한국어교재로 사용되기에는 한계가 있었다. 5년 뒤에야 평안도 방언으로 쓴 교재의 문제점을 인식하고 개선책을 찾아낸 로스는 1882년 6월 6일 영국성서공회 라이트 박사에게 보내는 편지에 이렇게 썼다.

앞으로 제 모든 번역은 한국의 모든 곳에서 이해되는 서울말로 하려고 합니다. 제 우편주소인 우장을 떠나 이곳(심양)으로 오기 직전 주일날 서울 출신의 한 사람[서상륜]에게 세례를 주었습니다. 그의 선조들은 관리였고, 친척 중 몇 사람이 지금 서울에서 관리로 있습니다. 그는 궁중 언어를 완벽하게 말하고 씁니다. 저는 될 수 있는 대로 오랫동안 그를 데리고 있으면서 개정비평과, 필요할 때 제 두 번역인의 번역을 수정하게 하려고 합니다.[7]

처음에는 우장에서 한국인을 만나기 힘들었으므로 고려문에 와서 중국어를 아는 국경 변방의 상인이라도 만나 한국어를 배우고 성경을 번역했지만, 강화도조약이 체결되고 6년이 지나면서 한국

---

7 옥성득·이만열 편역, 『대한성서공회사 자료집 제1권. 로스 서신과 루미스 서신』, 대한성서공회, 2004, 40쪽.

의 문이 열리기 시작하자 전국적으로 통용되는 서울말로 번역해
야 하며 학식이 높은 지식인에게 한국어를 배워야 한다는 사실을
뒤늦게 인식했던 것이다.

　한국어의 우수성을 외국에 소개한 선교사로는 헐버트가 널리
알려져 있지만, 첫 번째로 그 우수성을 구체적으로 예를 들어 설
명한 선교사는 로스이다. 그는 한국사를 저술하면서 한국어를 이
렇게 소개하였다.

　　이미 언급한 몇 가지 단점을 제외하고는 조선어 알파벳은 그 간
　　소하고 실용적인 면에서는 내가 아는 한 가장 훌륭한 알파벳이다.
　　그 단순성으로는 이웃들, 즉 음절을 목록으로 기록한 만주어, 몽골
　　어, 일본어의 복잡한 알파벳보다 훨씬 우수하다. 대개의 경우, 만주
　　어와 몽골어의 음절표의 '글자'는 두 개의 자음 사이에 하나의 모음
　　이 오는 것으로 되어 있다 일본어의 음절표는 더 간단하여 자음으
　　로 끝나는 음절만을 포함하고 있으며, 만주어의 경우에는 이런 형
　　태가 아주 드물어서 shan, shang, choong, chiwung이 각기 다른
　　글자가 된다. 이른바 만주어의 12개 어근이라고 부르는 것은 사실
　　끝소리들로써 수백 개의 글자로 확장된다. 그러나 음절 목록으로는
　　완벽하지만, 만주어의 복잡성은 조선어의 아름다운 단순성과 큰 대
　　조가 된다. 모음이 불변하는 것 외에 조선어가 영어에 대해 갖는
　　이점은 ds, ts, ch, ng에 대해 각각 다른 글자가 있다는 것이다.[8]

8　홍경숙 옮김, 『존 로스의 한국사』, 살림, 2010, 588-589쪽.

성경을 번역하고 권서로 활동하다 세상을 떠나다

이응찬이 처음 한국어를 가르치고 로스와 함께 성경을 번역하던 1877년은 대원군의 쇄국정치가 막을 내린 직후였기에, 일반인들이 아직도 서양인에게 급료를 받고 취직하는 것을 꺼렸다. 이응찬도 로스에게 한국어를 가르치며 1878년 봄까지 요한복음과 마가복음을 번역하다가, 그를 알아본 사람이 관청에 고발하겠다고 하자 의주로 돌아갔다.

1879년 4월에 그는 영구에 돌아왔는데, 로스가 안식년 휴가를 얻어 본국으로 떠난 뒤였다. 로스의 매부 맥킨타이어가 그의 후임으로 선교하고 있다가 이응찬을 자신의 한국어교사로 채용하여 문법을 배우며 어휘 편찬과 수집도 맡겼다. 이 무렵 영구에는 여러 명의 한국어교사들이 활동하고 있었다.

맥킨타이어가 이응찬에게 로마서·히브리서 번역을 맡겨 중국어 성경을 한국어로 번역하였는데, 이 과정에서 신앙을 얻은 그가 세례를 받겠다고 청원하였다. 그는 한국어를 가르치는 솜씨나 성경을 번역하는 솜씨가 남들보다 뛰어났지만, 식사 때마다 빼갈을 마시는데다가 아편쟁이처럼 보였기에 맥킨타이어는 뜻밖이라고 생각하였다. 몇 달 두고 보는 사이에 고향으로 갔던 그가 친척까지 데려오자 모든 교인들이 그에게 세례를 주자고 추천하였다. 한국인 세 번째 수세자(受洗者)가 된 것이다.

로스는 이응찬과 함께 한문 성경을 번역했던 과정을 1883년 1월 24일 라이트 박사에게 이렇게 보고하였다.

"번역 진행방법은 다음과 같습니다. 한국 학교(서당)에서는 한문 고전 책만 가르치므로, 한국 학자들은 중국인들과 마찬가지로 한문 고전에 익숙합니다. … 이런 학자의 손에 고전 한문역[문리역본] 복음서 한 권과 구어체 역본 한 부를 줍니다. 그는 조심스럽게 한글로 번역하여 제게 탁월한 초고를 제공합니다. 이것을 놓고 저는 다른 한국인 학자와 우리의 누가복음 번역본을 오랫동안 검토합니다."[9]

한국어의 우수성에 자신을 얻은 로스는 이 편지에서 좀 더 나은 한문 성경 역본을 위해 오히려 한국어 성경의 한문번역을 영국성서공회에 요청하기도 했다. 그만큼 이응찬을 비롯한 한국어교사와 번역자들을 신뢰했다.

이응찬이 로스와 함께 1882년에 처음 번역한 쪽성경 『누가복음』에는 '하느님'이라 번역하였고, 예전 표기법처럼 띄어쓰기가 없이 붙여 썼지만 하느님이나 쥬(主) 앞에는 띄어 썼다. 전통적인 표기법에서는 왕 앞에 한 글자를 비워 경의를 나타냈는데, 이응찬은 하느님이나 주 앞에 한 글자를 비워서 경의를 나타냈다.

로스가 1883년 4월 2일 라이트 박사에게 보낸 편지에서 "심양에 있는 번역인[이응찬]은 며칠 후 북경을 출발하여 심양을 경유하는 한국 사절단[동지사]에게 줄 2백 권의 복음서를 가지고 있습니다."라고 보고한 것처럼, 이응찬은 한국어교사, 성경 번역자를 넘어서서 자신이 번역한 첫 번째 성경을 국내에 전하는 권서(勸書)로도 활동하였다.

---

9 같은 책, 64쪽.

만닉면 깁버ᄒ며 사나운마음 발ᄒ기를
물마시듯ᄒ고 몸을일 힝ᄒ기를 밥먹듯
ᄒ며션한거슬 미워ᄒ고 악한거슬 사랑
ᄒ며 불의엣일만 힝ᄒ고 불냥한것만 싱
각ᄒ여 뎡셩을 돌아보지안코 자힝자지
ᄒ눈쟈는 금셰여도 앙화를입고 후셰예
눈무궁한형벌을 바드거시 이는 하나
님의 준바본셩을 버리고 미귀의 태쟈가
되니 맛츰닉 지옥의꼬을 면치못ᄒ나니라
사람이 세샹에 처ᄒ여 맛당이 힝할일이 부모를 효봉ᄒ며 남
사랑ᄒ기를 제몸 갓치ᄒ며 가는한쟈를 구졔ᄒ며 얼여온쟈
를도 와주며 기우러진거슬 붓들며 불샹한쟈를 어업비녁이며
허물을 알면 반다시 곳치고 악한거슬 보면 피ᄒ고 션한거슬
들으면 닛지 말고 의를 사모ᄒ기를 갈갓치 한츅 금셰예 일
싱이 편안ᄒ고 후셰여 긴 복을 뉴릴거시 하나님이 퇴초에
사람을 닉일셰여 자긔의 성졍을 안찰ᄒ여 지온고로 이눈다
하나님의 죠와ᄒ눈바요 부모를 불공ᄒ며 남을 히ᄒ여 제몸
을 닉게ᄒ며 사람의 빈궁한거슬 죠이 녁이며 슬퍼ᄒ눈쟈를

The duties of man in this world are to respect his parents, to love others as himself, to give alms to the poor, to aid the unfortunate, to uphold the falling, to pity the wretched, to confess and forsake his faults, to avoid wickedness when he sees it, to remember excellence when he hears it and to meditate upon righteousness like one hungering and thirsting after it; if (he observe these duties) he will enjoy a life of peace in this world and eternal happiness in the next.

1882년에 간행한 『누가복음』에 하나님이나 쥬 위에 한 글자가 비워져 있다.

그러나 이응찬의 활동은 여기에서 그쳤다. 로스는 같은 해 9월 29일 라이트 박사에게 보낸 편지에서 "저의 한국인 수석 필경사[이응찬]가 콜레라로 사망하여 가슴이 아픕니다. 그는 고용된 두 명의 중국인과 한 명의 한국인 가운데 한 사람으로서 이때까지 제가 만나 본 사람 가운데 가장 명석한 자였습니다."라고 보고하였다.

이응찬이 콜레라에 걸려 세상을 떠난 뒤 1887년 성경(심양) 문광서원에서 간행된 『예수성교젼셔』 누가복음에는 하느님이 하나님으로 바뀌고 하나님이나 쥬 뒤에도 한 글자를 비우지 않아 로스가 그만큼 한국어에 자신이 생겼음을 보여준다. 이응찬보다 몇 년 늦게 로스 번역팀에 들어온 서상륜은 78세까지 살면서 초대교회에서

1887년에 간행된 『예수셩교젼셔』의 누가복음

중요한 인물로 활동하였는데, 첫 번째 한국어교사 이응찬은 사진한 장도 남기지 못하고 일찍 세상을 떠나 너무나도 아쉽다.

최초의 순교자가 된 한국어교사 백홍준

이응찬이 로스에게 한국어를 가르치면서 기독교를 긍정적으로 생각하기 시작한 뒤에, 이성하·백홍준·이익세·김진기 등의 의주 청년 네 사람도 1875년 우장(牛莊)에 와서 영국인들의 한국어교사가 되었다. 역시 초기 선교사의 한국어교사가 된 동향 친구 서상륜이 그 사실을 증언하였다.

1874年에 同鄉 親舊 李應贊이 牛莊으로 들어가서 羅約翰 牧師(John Ross)의 조선말교사가 되었고, 그 翌年에 同鄉人 李成夏·白鴻俊·李益世·金鎭基 等이 牛莊으로 들어가서 각각 馬勤泰(Jonh MacIintyre) 牧師와 병원 원장과 세관장의 어학선생이 되었다.[10]

서상륜이 소개한 순서대로 본다면 이성하가 맥킨타이어 선교사, 백홍준이 병원 원장, 이익세가 세관장에게 한국어를 가르친 듯하다. 이러한 사실은 서상륜의 동생인 서경조의 "이익세는 그곳 해관에서 장차 조선 해관으로 오려는 영인의 어학선생이 되었다"[11]는 증언에 의해서도 확인된다.

이들은 한국어교사로 일하면서 이응찬과 함께 로스의 성경 번역 사업에도 참여하였는데 한문 성경을 몇 차례 정독하는 과정에서 성령의 감화를 받아 예수를 믿게 되었다. 1879년에 네 사람 모두 맥킨타이어에 의해 세례를 받자, 로스가 이렇게 기록하였다.

---

10 서상륜, 「예수 聖敎가 朝鮮에 始入한 歷史」, 『평양신학교 학우회보』 제2호, 1921 (김양선, "Ross Version과 韓國 Protestantism", 『白山學報』 제3호, 1967, 420쪽에서 재인용). 정확한 명칭은 평양신학교가 아니라, 朝鮮耶蘇敎長老會神學校이다. 필자가 이 『학우회보』 제1호와 제2호를 확인하였지만 이 글은 실려 있지 않아서, 김양선의 논문을 재인용하였다.

11 張聖山, 「朝鮮의 元老 徐景祚牧師의 平生」, 『基督敎報』 제156호, 1938.

맥킨타이어는 네 명의 박식한 한국인들에게 세례를 주었다. 이들은 앞으로 있을 놀라운 수확의 첫 열매들이라고 확신한다. … 한국인은 중국인보다 천성적으로 꾸밈이 없는 민족이고 보다 종교적인 성향을 지니고 있으므로, 나는 그들에게 기독교가 전파되면 곧바로 급속하게 퍼져 나갈 것으로 기대한다.

성경 번역에 기여한 이들은 복음을 전하기 위해서 권서인(勸書人)이 되어 자기의 고향으로 돌아와, 자신들이 만든 성경을 보급하였다. 일반적인 선교 과정을 보면 선교사가 피선교국에 들어가서 그 나라 글과 말을 배워가지고 성경을 번역했기 때문에, 선교가 시작된 뒤에 여러 해가 지나서야 비로소 그 나라 글자로 된 성경을 가지게 된다. 그런데 한국의 경우에는 복음이 전래되기 전에 이미 한국인이 외국에 가서 복음을 받고 선교사와 합작하여 성경을 번역하였으며, 외국 선교사가 정식으로 한국에 입국하기 전에 이미 성경이 한국에 반입되었다

백홍준의 외손자인 김양선이 문헌자료와 집안 어른들의 증언을 종합하여 쓴 논문에서는 한국어교사 이성하와 백홍준이 한국어 성경을 한국에 들여온 과정을 이렇게 소개하였다.

1875年 以來 牛莊과 奉天에서 Ross Version의 譯刊에 從事해 오던 白鴻俊은 1884年 가을부터 李成夏의 뒤를 이어 故鄕 義州에서 福音書와 傳道文書를 傳하기 始作하였다.[12]

---

12 『朝鮮예수敎長老會史記』, 9쪽.

이에 앞서 李成夏는 多量의 한글 福音書를 義州의 對岸에 있는 九連城 滿洲人 旅館에 任置한 채 여러 해를 지냈으나 國境의 경계가 삼엄하여 越境키 困難하므로 할 수 없이 그 聖書를 더러는 鴨綠江에 던지고, 더러는 불태워 버렸다. 이 消息을 들은 Ross 牧師는 "성경 씻은 물을 마시는 사람마다 생명을 얻게 될 것이며, 성경 태운 재를 입는 사람마다 크게 成長하리라."고 말하였더니, 그의 豫言은 的中되어, 鴨綠江 一帶에 가장 많은 教會가 成立되었다.

白鴻俊은 數次에 걸쳐서 多量의 한글 聖書를 古紙 속에 넣어서 國境을 넘는데 成功하였으므로 義州·龜城·朔州·江界 等地에 多量의 福音書를 傳布하였다. 그의 傳道를 받은 義州人 金利鍊과 그 아들 灌根 等 33人은 1889年에 鴨綠江上에서 Underwood 牧師에게 洗禮를 받고 義州教會를 創立하였다.[13]

이때 백홍준에게 전도받은 김관근(金灌根)이 김양선의 아버지인데 나중에 장로교 목사가 되었으며, 김양선의 어머니 백관성(白灌聖)은 백홍준의 딸이다. 김양선은 '낡은 종이뭉치[古紙] 속에 한글 성서를 넣어서 압록강을 건넜다'고 간단히 표현했지만, 한글 성서를 낱장으로 풀어서 노끈으로 만들어 낡은 책들을 묶어 가지고 압록강을 건넌 다음, 노끈을 풀어서 다시 성경책으로 복원했던 것이다.

로스가 처음 고려문에서 중국인 통역을 두고 전도할 때에, 조선인들이 좋아할 만한 물건을 거저 주면서 성경이나 전도지를 나누어 주었다. 양초와 한문 성경을 얻어온 의주 상인 백씨가 아들에게

---

13 金良善, 「Ross Version과 韓國 Protestantism」, 『白山學報』 제3호, 백산학회, 1967, 440-441쪽.

첫 번째 순교자가 된 한국어교사 백홍준

한문 성경을 주었는데, 이 책을 읽다가 압록강을 건너 선교사를 찾아간 아들이 바로 백홍준이다. 백홍준은 맥킨타이어에게 세례 받은 뒤에 그곳에서 오래 일하지 않고, 자신이 받아들인 복음을 고향 사람들에게 전하기 위해 의주로 돌아왔다.

김양선은 서울 최초의 교회인 새문안교회가 설립될 때에 서상륜과 백홍준이 장로로 추대되었다고 증언했지만, 문헌 근거를 밝히지는 못했기에 이에 대해서는 논란의 여지가 있다. 그러나 한글 성서를 팔면서 기독교를 전도하던 백홍준이 감옥에 갇혔다가 한국 최초의 개신교 순교자가 된 것은 역사적인 사실이다.

백홍준이 계속 서양 선교사들과 연락하며 복음을 전하였기에, 평안감사 민병석(閔炳奭)이 1892년에 그를 체포하여 감옥에 가두었다. 목에 칼을 쓰고 갖은 고초를 다 겪다가 몸이 쇠약해져 옥중에서 죽었다. 서울에서 간행되던 선교사들의 기관지에 그의 순교 소식이 실렸다.

의주의 전도사 늙은 백씨(白氏)는 맥킨타이어 목사에게 세례를 받은 최초의 한국인이었는데, 신앙을 지키기 위하여 작년에 죽기

직전까지 2년간이나 감옥생활을 감수하였다.[14]

서양 선교사의 첫 번째 한국어교사였던 이응찬도 돈은 필요했지만 서양 선교사에게 고용되는 것을 꺼려서, 밤에 로스에게 찾아가 '자신이 선교사의 일을 하고 있다는 사실을 어느 누구에게도 알리지 말 것'을 조건으로 하여 한국어를 가르치기 시작하였다. 1878년 봄까지 『요한복음』과 『누가복음』을 번역하다가, 그를 알아본 사람이 관청에 고발하겠다고 하자 잠시 의주로 달아났다. 1879년 4월에 다시 돌아와, 로스의 매부 맥킨타이어의 교사로 채용되어 다시 한국어를 가르치기 시작하였다.

백홍준은 이응찬보다 1년 늦게 한국어를 가르치기 시작했지만, 열심히 전도했기에 첫 번째 순교자가 되었다. 그 뒤에도 서양 선교사를 가르치는 한국어교사는 한동안 한국인들에게 경계의 대상이 될 수밖에 없었다.

---

14 *The Korean Repository*, January 1895, p.22.

3

베어드와 경남 여행을 하면서
한국어를 가르쳤던 서상륜

홍삼을 팔러 영구에 왔다가 열병을 치료받고 예수를 믿다

로스는 한국어 성경번역팀에 이응찬보다 늦게 들어온 서상륜(徐相崙, 1848-1926)을 신임하여, 영국성서공회 라이트에게 편지를 보내면서 "궁중 언어를 완벽하게 말하고 쓴다"고 칭찬하였다. 이응찬은 곧바로 콜레라에 감염되어 일찍 세상을 떠나는 바람에 자신의 이름으로 된 출판물을 낼 수 없었지만, 서상륜은 한국인 최초의 교회인 소래교회를 세우고, 새문안교회 창립에도 관여하며 동생인 한국 최초의 목사 서경조와 함께 한국 초대교회의 한국인 지도자가 되었다.

서상륜은 1878년에 동생 서경조와 함께 홍삼을 팔려고 압록강 건너 영구에 왔다가 열병에 걸려 죽을 뻔했다. 서상륜은 뒷날 평양 신학교 『학우회보』에 자신의 선배 한국어교사들을 소개하면서, 자

신이 세례를 받고 성경 번역팀에 합류하게 된 사연을 이렇게 소개
하였다.

> 1874年에 同鄕 親舊 李應贊이 牛莊으로 들어가서 羅約翰牧師
> (John Ross)의 조선말교사가 되었고 그 翌年에 同鄕人 李成夏·白
> 鴻俊·李益世·金鎭基 等이 牛莊으로 들어가서 각각 馬勤泰(John
> Macintyre) 牧師와 병원 원장과 세관장의 어학선생이 되었다. … 나
> 는 1878年 戊寅에 아우 相祐(景祚는 字였다)와 함께 장사차 營口에
> 갔다가 熱病에 걸려서 危至死境이 된지라, 이때에 同鄕 親舊들의 주
> 선으로 영국 선교사의 병원에 入院하여 치료할새 馬勤泰牧使가 每日
> 病院에 와서 절절히 위로하여 주면서 예수를 믿으라 권하므로 병이
> 나으면 예수를 믿겠다고 약속하였더니 월여 동안 의사의 정성어린
> 치료로 완쾌된지라 약속대로 예수를 믿기로 작정하였더니 羅牧師가
> 英國으로부터 돌아오매 1879년에 그에게 세례를 받았고 그의 권고로
> 그 익년에 심양으로 올라가서 일편으로 성경을 우리나라 말로 번역
> 하고 일편으로 번역된 성경을 인쇄하기 시작하였다.[1]

안식년을 마치고 돌아온 로스는 그를 한국어교사 겸 성경 번역인
으로 채용하고, 이응찬에 이어 『누가복음』 번역을 맡겼다. 『누가복
음』을 번역하면서 예수를 영접하게 된 서상륜은 몇 달 만에 번역을

---

1 서상륜, 「예수 聖敎가 朝鮮에 始入한 歷史」, 『평양신학교 학우회보』 제2호, 1921
(김양선, "Ross Version과 韓國 Protestantism", 『白山學報』 제3호, 1967, 420쪽
에서 재인용). 정확한 명칭은 평양신학교가 아니라, 朝鮮耶蘇敎長老會神學校이다.
필자가 이『학우회보』 제1호와 제2호를 확인하였지만 이 글은 실려 있지 않아서,
김양선의 논문을 재인용하였다.

마치면서 세례를 요청하였다. 그러나 로스는 그의 믿음이 확고해지면 세례를 주겠다고 하며 일단 미루었다.

서상륜은 1878년 여름부터 연말까지 우장에서 중국판 한문 성경을 가지고 『누가복음』을 번역하였다. 로스는 수정도 하지 않은 이응찬과 서상륜의 번역 원고를 가지고 스코틀랜드성서공회를 찾아가 복음서 지원에 대한 약속을 받아냈다.

권서로 활동하다가 한국 최초의 교회인 소래교회를 세우다

압록강 건너 의주의 신자들이 성경을 보내달라고 요청하자. 로스가 1882년 4월쯤 서상륜에게 세례를 준 뒤에 영국성서공회 한국 최초의 권서로 파송하였다.

> 3일 전에 저는 한 권서인 편으로 5백 권의 복음서들과 동일한 양의 소책자를 함께 보냈습니다. 소책자들은 종교서회가 지원해 주었는데, 1년간의 인쇄와 번역에 대해 제가 받은 지원은 2백 파운드가 전부였습니다. …
> 앞에서 언급한 권서인[서상륜]은 최초의 한국인 개종자로서 여러 해 전에 저와 함께 누가복음을 한국어로 번역했고, 번역이 끝나자 저에게 세례를 요청했습니다. … 상해에 있는 귀 공회의 대리인이자 저의 좋은 친구인 무어헤드의 호의로 그는 귀 공회에 3개월간 고용되어 매서 행로에 나섰습니다. 그는 한국 전역을 여행할 수 있지만, 우선 압록강 동쪽 연안의 언덕에 아름답게 자리 잡고 있는 의주(義州)부터 시작할 것입니다. 그곳에는 이미 한 명의 전도인[백홍준]이

있으며, 주로 호기심 때문이기는 하지만 성경을 매우 간절히 요구해 왔습니다.[2]

로스가 영국성서공회 총무 라이트에게 보낸 편지에서는 서상륜에게 복음서 500권을 주어 압록강을 건너게 한 이야기까지만 실려 있는데, 압록강을 건넌 이후의 이야기는 켄뮤어의 기록에 자세하게 전해진다. 서상륜은 세관 검사관에게 성경을 압수당했지만, 그 책을 읽어보고 좋은 내용이라는 것을 알게 된 검사관이 며칠 뒤 여관에 찾아와 몇 권을 돌려주었다[3]고 한다. 로스는 이듬해인 1883년에도 두 차례 더 성경을 보내주었다.

서울에서 활동하던 서상륜이 이듬해에 동생 서경조를 불러올려 한문 신약전서를 보게 하자, 서경조가 번민 끝에 예수를 믿기로 하였다. 서경조가 소래에 돌아와 전도하고, 1885년 초에 서상륜이 소래로 돌아오면서 소래에 신앙공동체가 생겨났다.[4] 언더우드가 1885년에 입국하자, 서상륜이 1886년에 언더우드를 찾아가 '소래 교인들에게 세례를 베풀어 달라'고 요청하였다.

외국 선교사가 들어오기 전에 18세기 천주교인들이 서적을 통해

---

2 옥성득·이만열 편역, 『대한성서공회사 자료집 제1권 - 로스 서신과 루미스 서신』, 대한성서공회, 2004, 58-60쪽.

3 『대한성서공회사 I 』, 대한성서공회, 1993, 94-95쪽.

4 대부분의 교회사에서는 1885년에 소래교회가 설립되었다고 기록했지만, 소래교회 당회장으로 1943년에 창립 60주년 행사를 주관했던 허간 목사가 피난 오며 백령도에 가지고 왔던 소래교회 당회록에는 1883년 5월 16일을 교회 창립일로 기록했다고 한다. 서상륜이 성경을 가지고 압록강을 건너와 권서활동을 마치고, 외가가 있는 소래로 들어온 즈음이다. 당회록에는 서상륜 형제 중심으로 예배를 보면서 자생적인 교회가 설립된 시기를 창립일로 기록한 듯하다.

신앙을 받아들이고 멀리 북경까지 가서 세례를 요청했던 것처럼, 외국 선교사가 입국하기 전에 기독교 신앙을 가졌던 소래 교인들도 선교사를 찾아와 세례를 베풀어 달라고 요청했던 것이다. 그러나 외국인이 호조(護照)가 없이 지방에 여행할 수 없었으므로, 소래 교인들이 1887년 1월에 서울에 올라와 언더우드에게 세례를 요청하였다.

> 우리는 다음 주일[내일]에 몇 명에게 세례를 줄 것인데 지원자들은 모두 철두철미 진실하게 보입니다. 그들은 북한 지역에서 이루어진 로스의 사역에서 나온 결실의 일부입니다. 로스는 한 사람에게 세례를 준 뒤 한글 성경과 한문 성경을 주면서 실험적으로 일하도록 파송했습니다. 그는 이 책들을 가지고 일해 왔는데, 지금은 수세 지원자가 약 이삼십 명에 이르고 있다고 합니다. …
>
> 이들은 지금까지 주일마다 예배를 드려왔으며 힘써 전도했고, 각자 모두 소위 복음의 빛을 비추는 중심부가 되기를 소원합니다.[5]

언더우드가 총무 엘린우드에게 편지를 쓴 날이 1월 22일이었으니, 로스에게 세례를 받은 서상륜 한 사람이 소래에서 선교한 결과 동생 서경조를 비롯한 세 명이 1887년 1월 23일에 세례를 받았다. 언더우드가 가을에 소래에 가서 7명에게 세례를 주었으니, 소래에 입교인이 이미 열 명이 넘어섰다. 한국 최초의 자생적인 교회가 서상륜 형제에 의해 발전하기 시작했다.

---

5 이만열·옥성득 편역, 『언더우드 자료집 Ⅰ』, 연세대학교출판부, 2005, 53-54쪽.

선교하고 문법서를 쓰며 한국어를 배웠던
베어드의 전도여행

윌리엄 베어드(William Martyn Baird, 裵緯良, 1862-1931)는 미국 하노버대학과 멕코믹신학교를 졸업하고 1889년에 문학석사 학위를 받았다. 1891년에 한국에 와서 선교하는 동안에도 계속 공부하여, 첫 안식년 기간에 학업을 마치고 1903년 하노버대학에서 철학박사 학위를 받았다. 내한 선교사 가운데 가장 학구적인 선교사였으므로, 당시 한국어 교육의 문제점도 체계적으로 파악하고 그 대안을 제시할 수 있었다.

그의 경남 선교일기는 1892년 5월 18일 서상륜과 함께 길 떠나는 것으로 시작된다.

> "오늘 나는 서 서방(Saw Sawbang)과 함께 재용이라는 소년을 데리고 마부 한 사람이 이끄는 말 한 마리에 우리의 물품을 싣고, 부산을 떠나 경상도 남서부 지역으로 전도여행을 떠났다. … 상당히 많은 전도 책자가 이곳에서 보급되고 팔렸다. … 나는 서 씨에게 책 처분에 대한 전권을 맡겼다. 서 씨는 이 책이 어디에 유용할지 나보다 더 잘 알고 있었다."[6]

---

6 이상규 옮김, 『윌리엄 베어드의 선교 일기』, 숭실대학교 한국기독교박물관, 2013. 16-18쪽.

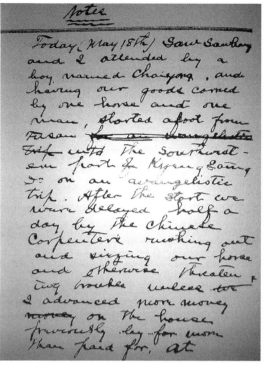

베어드가 서상륜과 함께 길 떠나는 5월 18일 일기
(한국기독교박물관, 윌리엄 베어드의 선교일기)

서상륜은 5월 15일 부산에 와서 베어드의 선교여행에 합류하여 한 달쯤 한국어를 가르치며 조수로도 활동하였다. 베어드와 서상륜 일행은 김해군 일대의 마을들을 돌아다니면서 전도 책자를 팔며 선교하였다. 서상륜은 아직 한국어를 못하는 베어드를 대신하여 주민들에게 설교하였다. 베어드는 5월 21일 서상륜의 선교활동을 이렇게 기록하였다.

여관에서 서 씨는 여관 주인과 한두 명의 사람에게 복음을 전할 기회를 가졌다. 키 큰 외눈 소년이 와서 우리 이야기를 경청했다. 이 소년은 여섯 번째인가 여덟 번째 방문한 이후에야 용기를 내어 많은 질문을 했다. 그리고 우리가 만났던 이들 만큼의 그런 진정한 관심을 보여주었다. 그는 많은 책을 가져갔다. 그는 상인인데 종종 부산에 가는데, 그때 우리를 방문하겠다고 말했다. 그는 또한 우리와 동행하는 소년과 대화한 일이 있다고 한다. 그 소년은 자기 나름대로는 선교사의 정신을 갖추어 가는 것 같다.

주일에 우리는 지역 주민들과 접촉하기 위해 몇 가지 시도를 했다. 먼저 우리는 해변으로 갔다. 그리고 사람들이 몰려왔을 때, 서 씨는 그들에게 설교하고 책을 나누어 주었다. 모두가 미심쩍어 했고 관심이 없어 보였다.[7]

45세의 몸으로 강행군하며 설교와 문서 판매, 한국어 교육을 병행하던 서상륜의 병이 심해지자, 베어드가 편지를 써서 아내에게 보내 의사 빈튼(Dr. Vinton)에게 전보를 치게 하였다. 빈튼의 처방에 따라 주문한 약이 제때에 도착하지 않아 고생하던 서상륜은 결국 부산에서 6월 17일에 인천으로 떠나는 증기선이 있다는 소식을 듣고 선교여행을 단축하였다. 치질로 고생하던 서상륜 대신, 베어드는 이듬해에 그의 동생 서경조를 한국어교사 겸 전도인으로 채용하여 경상도 북부지방 선교여행을 떠났다.

---

7 같은 책, 21-22쪽.

한국어 교재의 불만을 달래기 위해 베어드가 집필하다

선교여행을 떠난 지 엿새째 되던 5월 23일(월) 일기에 베어드가 한국어 배우는 이야기를 기록하였다.

> "비가 와서 우리는 여관에서 글을 쓰거나 책을 읽고 공부하면서 시간을 보냈다. 사람들을 거의 보기 어려웠다. 화요일에도 여전히 비가 내렸지만 잠시 외출을 했다. 유일하게 김청문이라는 사람을 만나 대화를 나누었다. 다른 사람들은 신경도 쓰지 않았다. 이 지역의 아이들은 거의 책을 읽지 않았다… 오늘은 성경공부와 한국어 공부를 좀 했다.
>
> 한국어 진도는 참 늦다. 내가 알고 있는 한국어가 얼마나 보잘 것 없는 것인지는 몇 마디의 한국어밖에 구사하지 못하는 것에 놀라는 동료들보다 나 자신이 더 잘 알고 있다. 그래서 다른 이들은 이 나라에 나보다 더 오래 머물러서, 처음부터 한국어를 공부하게 되기를 바란다. 나는 지금 책 한 권의 개요를 만들고 있는데 이것을 완성하면 확신하건데 우리가 가지고 있는 그 어떤 책보다도 초보자에게 훨씬 더 좋은 책이 될 것이다. 현재까지 나온 우리가 가진 책들은 초보자가 필요로 하는 배열이나 적합성에 있어서 효과적이지 못하다."[8]

베어드는 1891년 1월 29일 부산항에 도착하였다. 이날 일기를 쓸 무렵 한국에 온 지 1년 4개월 되었는데, 자신의 한국어 실력에 만족치 못하여 효율적인 한국어 회화책을 준비하고 있었다. 서상륜

---

8 같은 책, 22–23쪽.

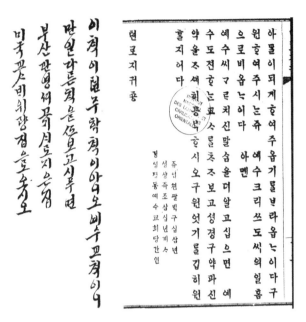

1893년에 찍은 『천로지귀』 판권(오른쪽). 판권 뒤에, 이 책은 천주교
책이 아니라 예수교 책이니 다른 책을 더 보고 싶으면 선교사 배위량
집으로 찾아오라고 광고하였다. (왼쪽)

이 한국어교사로서의 방법론을 연구한 적이 없었으므로 교수법이
좋지 않다고 느낀 것이니, 베어드 자신이 교사가 되면 이렇게 가르
치는 것이 좋겠다는 방식으로 개요를 만들기 시작했던 것이다.

베어드는 한국어공부를 배운 지 3년 만에 한국어 마지막 시험을
통과했는데,[9] 통과 소식을 기록한 1894년 1월 3일 일기에 "서울을
떠나기 전에 내가 번역한 '천국에 이르는 안내서(Guide to Heaven)'
곧 『천로지귀』라는 저드슨(Judson)의 소책자를 출판하도록 의뢰했

9　같은 책, 67쪽. 1894년 1월 3일 일기.

다. 이 책은 1893년 11월 6일 부산에 도착했던 책이다."라는 기록을 덧붙였다. 몇 달 전에 자신이 번역 출판하여 문서선교에 활용하던 책 『천로지귀(天路指歸)』가 벌써 마음에 들지 않아 개역 수정판을 낼 정도로 그의 한국어 실력이 빠르게 발전했던 것이다.

베어드가 제안한 한국어 로마자 표기법

서양 선교사들이 한국어를 처음 배우고 사용하던 1880년대에는 한국어 발음을 로마자로 표기하는 원칙이 통일되지 않아서, 한국의 지명을 선교 본부나 언론에 소개할 때 매우 혼란스러운 일이 자주 발생하였다.

한국어의 발음과 표기의 원리를 스스로 터득한 베어드는 1895년 5월 *The Korean Repository*에 기고한 글에서 한국어 발음에 대한 로마자 표기법의 필요성을 강조하였다. 서울이 Seoul이나 Soul로 평양이 Hpyeng Yang, Phong Yang, Ping Yang, Ping An으로, 원산이 Gensan, Juensuan, Onesan, Wonsan 등과 같이 동일한 도시의 이름에 서너 개의 서로 다른 표기법이 사용되는 상황을 지적하였다. 그래서 외부 세계가 한국에 대해 제대로 알 수 있도록 한국어 단어의 로마자 표기에 표준적 합의를 이루어야 한다는 공식적인 요구가 거세졌던 것이다.

베어드는 통일된 로마자 표기의 중요성에 대해, 한국어를 모르고서도 한국을 여행하려는 외국인에게 도움이 될 뿐 아니라 미래

베어드가 1895년 2월 자신의 사랑방에 설립한 한문서당.
왼쪽 끝 베어드의 앞에 서상륜의 모습이 보이지만 교사는 아니었으며,
베어드의 세 번째 한국어교사 서초시가 학생들을 가르쳤다.

에 한국어 성경을 로마자로 표기할 가능성까지도 염두에 두었을
때 매우 필요한 일이라고 강조하였다.

　기존의 로마자 표기법은 영어 외의 다른 외국어 영향이 강하여,
영어권 화자들에게 만족스러운 음역으로 받아들여지지 않았다.
프랑스 신부들에 의한 로마자 표기법에는 프랑스식 음역이 강하
게 나타나는데, 예를 들어 평양을 Hpyeng Yang, 서울을 Syeoul,
송광사를 Syong Koang Sa 등으로 표기하는 것이 한국어 발음을
제대로 표현하지 못한다고 보았다. 또 다른 잘못된 예로 중국어
와 일본어를 먼저 배운 외국인에 의한 음역 표기법도 문제가 되었
다. 베어드는 로스(Ross)와 그리피스(Griffis)의 책에 사용된 음역

의 예가 너무나 자의적이어서 한국어 발음 표기에 적절하지 않은 것으로 보았다. 그 외에도 한국어교사들의 출신 지역이 달라서 같은 한국어를 서로 다르게 발음하는 데에서 오는 로마자 표기의 혼란도 있다고 지적하였다.

베어드는 이러한 문제점들을 지적하고, 다음의 다섯 가지 규칙에 기반하여 로마자 표기법이 이루어져야 한다고 강조하였다.

첫째, 로마자 표기법은 한·영 체계에 따른다.

둘째, 글자가 아니라 발음을 표기한다. 예를 들어 /전라도/를 [Chyen la to]가 아니라 [Chulla Do]로 표기한다.

셋째, 예외적 발음이 아닌 일반적 발음을 기준으로 한다. /우/의 발음이 때론 /ou/나 /u/로 날 때도 있지만, 규칙적으로 [oo]로 표기한다.

넷째, 명확한 불변의 기호로 표기하는 것이 중요하므로. 오랜 세월 입증된 표준방식인 웹스터 사전 체계를 사용한다.

다섯째, 한국어 글자를 발음대로 표기하고, 이를 영어 글자로 조합하여 표기하는 것을 금한다. 예를 들어 원산은 [Wunsan]으로 표기하며, '원'을 영어의 one이라는 글자에 대응시켜 [Onesan]처럼 음역하지 않는다.

이와 같은 로마자 표기법의 원칙은 현대 한국어의 로마자 표기법에도 그대로 적용되며 발전되어왔다. 조선어학회가 1933년에야 한글맞춤법 통일안을 제정된 것을 감안한다면, 120년 전에 이미 한국어 로마자 표기법을 제안한 베어드의 언어학적 탁견이 참으로 놀랍다.

베어드부인에 의해서 자리를 잡은 한국어교육

한편 베어드는 서양인들의 한국어 학습법에 대해서도 깊은 관심을 가졌다. 한국에 머문 기간이 오래 되어도 어법에 맞지 않는 한국어와 외국식 발음으로 대충 뜻만 통할 정도의 한국어 수준에 머무는 선교사들을 질책하면서, 처음부터 한국어를 제대로 학습하는 것이 중요하다고 주장하였다.

그 당시 제대로 된 한국어 학습서도 없고 훈련된 한국어교사도 드문 상황 속에서, 그는 한국어 발음을 제대로 습득하는 초기 단계가 가장 중요하다는 것을 인식하고, 현지인인 한국인 교사를 통해 발음을 제대로 습득해야 한다고 강조하였다. 그러면서 언어학적 관점의 문법서나 사전식 접근법보다는, 낯선 한국어를 처음 배우는 서양인의 관점에서 학습자의 인지적 부담을 되도록 최소화 시킬

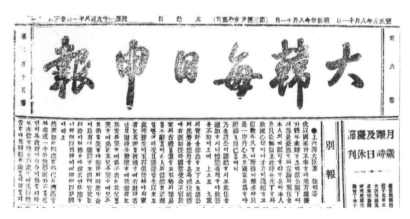

한국어 단기집중강좌의 필요성이 논의될 무렵, 선유사에 임명된 서상륜은 1908년 1월 23일자 대한매일신보에 '내각 대신들은 사직하고 의병 선유에 나서라'고 호소하였다. 별보(別報) 첫줄 「상내각대신서(上內閣大臣書)」라는 제목 아래에 필자 서상륜의 이름이 보인다.

수 있는 접근법으로 한글 자모의 순서와 음가를 제시하였다.

베어드가 제시한 이러한 접근법은 1896년 베어드 부인이 쓴 한국어 학습서인 *'Fifty Helps for the Beginner in the Use of Korean Language'*에 그대로 적용되었다. 이 무렵에 이미 선교사를 위한 3년 과정의 한국어 학습과목과 시험제도가 정해져 있었지만, 베어드 부인의 이 교재가 개정판을 거듭 내며 수요가 늘어나자 언어위원회에서 1909년 12월에는 대구에, 1910년 5월에는 평양에 한국어 단기집중강좌(Language Class)를 설치하기에 이르렀다. 대구에서는 게일이 강의하고 평양에서는 베어드 부인이 강의했는데, 언어위원회에서는 베어드 부인의 강좌가 호평을 받았으니 계속 개설하라는 보고서를 제출하였다. 베어드 부인이 세상을 떠난 뒤에 연합언어학교(Language School)를 설치하면서 외국인을 위한 한국어교육이 체계적으로 자리를 잡기 시작하였다.

4

혼자 성경을 처음 번역한 한국인 이수정

외국 선교사 지원자들은 대부분 본국에서 파견되기 전에 이미 파견되려는 나라의 국어를 배우거나, 아니면 선교지에 부임해서 배운다. 그런데 언더우드는 한국으로 부임하던 길에 일본에 들려서 몇 달 동안 한국어를 배웠다. 현지에 파견되어 국어와 문화를 함께 배운 것이 아니라 제3국이라고 할 수 있는 일본에서 한국어를 배운 특이한 경우인데, 그에게 한국어를 가르쳐준 교사 이수정은 그 이전이나 이후에 활동이 알려지지 않은 특이한 인물이다.

도쿄외국어학교 조선어학과 교사 이수정

언더우드(Horace G. Underwood, 1859-1916)는 샌프란시스코에서 배를 타고 한 달 동안의 거친 항해를 마친 다음, 1885년 1월 25일 일본 요코하마에 도착했다. 헵번 박사(Dr. Hepburn) 집에 머물게 된 언더우드는 1월 26일 미국 북장로교 해외선교부 총무 엘린우드 박사(Dr. F. F. Ellinwood)에게 편지를 썼다. 한국의 알렌 의사(Dr. Allen)가 헵번 박사에게 보낸 편지를 보고, 알렌 의사가 자신이 당장 오기를 바란다는 사실을 알게 되었다는 것이다.

> 오늘 오후 이곳을 떠나 나가사키로 가는 기선이 있었습니다. 나가사키에는 한국으로 가는 기선이 있습니다. 그런데 얼마 되지는 않지만, 필요한 것들을 구하지 못한 채 그렇게 빨리 떠나기 어려웠습니다. 게다가 저는 이곳에 있는 선교사들, 또 한국인들과 안면을 익히는 게 좋으리라고 생각했습니다. 그리고 루미스 씨(Mr. Loomis)는 이번 주에 그분들에게 저를 소개시켜 주겠다고 했습니다. 그래서 저는 2주 내지 3주 후에 있을 다음 번 기선을 기다리기로 하였습니다.[1]

언더우드는 요코하마에 도착하자마자 한국인들을 찾아다닌 셈이다. 그러나 이삼 주가 되어도 한국의 제물포항으로 가는 배는 없었다. 언더우드는 2월 18일 엘린우드에게 보낸 편지에서 자신의 상황을 이렇게 설명하였다.

> 3월 26일 전에는 한국의 제물포 항으로 가는 배가 없어서, 그때까지 헵번 박사 댁에 머무르려 합니다. 그러는 동안, 일본으로 망명해 요코하마에 있던 몇몇 한국인들의 도움을 받게 되었습니다. 그 사람들은 제게 한국어를 가르쳐 주었고, 그 보답으로 저는 영어를 가르쳐 주었습니다.

---

1 김인수 옮김, 『언더우드 목사의 선교편지』, 장로회신학대학교출판부, 2002, 29쪽.

한국어에 관한 책은 몇 권 밖에 없지만, 저는 그 책들을 얻게 되어 그것들의 도움을 받으며 최선을 다하고 있습니다. 현재로서는 그것이 그리 큰 문제로 보이지 않지만, 저는 아직 그러한 어려움에 직면하기 전 상태에 있습니다.[2]

언더우드는 이 무렵 한국어를 배우기 시작한 지 며칠 안 되어 얼마나 어려운지 모르는 단계였지만, '선교사들이 한국어를 미리 배워야 한다'는 사실을 깨닫게 되었다. 그래서 선교부에 '여성 선교사를 미리 일본에 파견하여 한국어를 배우게 하는 것이 좋겠다'고 조언하였다.

제가 알기로, 같은 여성을 통하지 않고서는 한국 여성에게 다가간다는 것은 불가능합니다. 더욱이 이렇게 하는 것도 현재 결혼한 여성만이 할 수 있습니다. 미망인이나 젊은 미혼 여성은 거의 도움이 되지 않을 겁니다. … 그렇지만 만일 지금 일본으로 몇 사람을 파송한다면 이곳에서 한국어를 공부할 수 있을 것이고, 길이 열리자마자 한국으로 들어갈 수 있을 겁니다.[3]

언더우드가 여성 선교사를 미리 일본으로 보내달라고 요청한 것은 머지않아 여성 선교사가 필요할 것이라는 사실을 깨달았기 때문이기도 했지만, 일본에서 한국어를 효율적으로 가르치는 교사를 만났기 때문이기도 하다. 언더우드는 한국어교사의 이름을

---

2 같은 책, 30쪽.
3 같은 책, 30쪽.

밝히지 않고 막연하게 '망명객'이라고만 기록했는데, 이 시기의 망명객이라면 1884년 갑신정변에 실패해 일본으로 망명한 김옥균, 서광범, 서재필 등을 가리킨다.

이때 언더우드에게 한국어를 가르친 이수정은 수신사 일행으로 일본에 파견되었는데, 『고종실록』이나 승정원일기에 기록되지 않았으며, 국내 어떠한 기록에도 보이지 않는 신비한 인물이다. 이수정의 이름은 일본의 『요미우리신문(讀賣新聞)』 1882년 10월 15일 기사에 처음 공식적으로 나타난다.

> 이번 내조한 조선인 이름은 정사 박영효(朴泳孝), 부사 김만식(金晩植), 종사관 서광범(徐光範), 정사 서기 3명, 부사 서기 2명, 생도 2명, 종사관 서기 2명 … 또 유람하기 위해 동행한 조선 사람들은 민영익(閔泳翊), 박의병(朴義秉), 이수정(李樹廷), 김옥균(金玉均) 여러 명과 종사(從事) 등으로 총원 30명 정도 된다.

이 기사를 보면 이수정은 공식적인 수행원이 아니라, '유람하기 위해 일본에 왔다'고 하였다. 민영익, 김옥균 등과 함께 대표적인 인물로 이름을 올렸으니, 일본 신문기자들이 그를 중요한 인물로 여겼던 듯하다. 4차 수신사 일행은 10월 13일 도쿄마루(東京丸) 편으로 요코하마에 입항하여, 그날로 기차를 타고 도쿄까지 와서 세이쇼지(靑松寺)에 숙소를 정하였다.

수신사 일행의 동선(動線)은 일본 기자들의 최대 관심사였기 때문에 그들의 움직임이 하나하나 여러 신문에 보도되는데, 이수정은 공식적인 수행원이 아니어서 수신사 일행과 동선이 달랐으며,

신문기사에도 별로 들어나지 않았다.

이수정이 양반 출신인지 아닌지에 관한 기록도 확실치 않은데, 일본의 기독교잡지『칠일잡보(七一雜報)』1883년 5월 11일자에 그가 세례 받은 기사가 실리면서 인적사항이 소개되었다. 임오군란 때에 목숨이 위태로웠던 명성황후를 보호하여 시골로 피란시킨 공으로 민영익의 신임을 받은 선략장군(宣略將軍, 종4품)이라는 것이다. 당시 정권의 실세였던 민영익이 1882년 10월에 4차 수신사를 따라 개인적으로 일본에 오면서 이수정을 데려온 목적이 분명치는 않지만, 호위무사 겸 신문물 시찰이라는 점은 쉽게 짐작할 수 있다.

이수정은 그 이후에도 일본에 남아 있었다. 1884년 12월에 파견된 5차 수신사의 종사관인 박대양(朴戴陽)의『동사만록(東槎漫錄)』에 그를 만난 기록이 보인다.

우리나라 사람인 이수정(李樹廷)은 본래 운미(芸楣: 민영익) 집안의 청지기였다. 사람이 매우 영리하고 민첩하였으며 자못 문자를 해득하였다. 이에 일본에 들어가 머리를 깎고 교사(敎師)가 되었는데, 이날 청국의 교사 장자방(張滋昉)을 이끌고 나를 만나러 왔다. 자방은 문사가 넉넉하였으며 시를 더욱 잘하였다. … 들으니 서교(西敎: 천주교)에 물든 자라고 한다.

『동사일기』1885년 1월 5일의 기록에서 이수정에 관해 네 가지 정보를 얻을 수 있다. '민영익 집안의 청지기', '영리하고 민첩하여 문자를 해득함', '머리를 깎고 교사가 되었음', '청나라 천주교인과 함께 수신사 일행을 만나러 왔음' 등이다. 박대양은 이수정을 기독교인이라고 기록하지는 않았지만 청나라 천주교인과 함께 다닌다면서 은근히 비난하였다.

박대양의 기록 가운데 중요한 정보는 그가 이 당시에 (한국어) 교사였다는 점이다. 일본에서의 한국어 교육은 조선 후기에 통신사(通信使)가 정례적으로 파견되면서 쓰시마에서 체계적으로 실시되었는데, 아메노모리 호슈(雨森芳洲, 1668-1755)가 세운 한어사(韓語司, 1727-1871)가 가장 오래 되었으며, 1876년의 강화도조약을 전후로 근대적인 외교관이 필요하게 되자 쓰시마에 설치된 이즈하라 한어학소(嚴原韓語學所, 1871-1873)가 부산 현지에서 한국어를 배우기 위해 초량관어학소(草梁館語學所, 1873-1880)로 바뀌었다가 도쿄외국어학교 조선어학과(1880-1887)로 대체되었다.

도쿄외국어학교 조선어학과는 "육군 2명, 해군 5명, 외무성에서 10명의 생도비용을 차출"한 관립학교였는데, "한어(韓語) 망실(亡失) 예방"이라는 설립 목적과는 달리 조선 침략의 실무자를 배출하기 위해서였다.[4] 초대 한어교사는 초량어학소 교수 아라카와(荒川德滋)를 초빙하였으며, 한국인 한어교사로는 이동인(李東仁)을 초빙 고용하였다.

1882년 10월에 일본에 들어왔던 이수정은 1년 남짓 농업과 법률을 공부하다가 1883년 8월 9일에 도쿄외국어학교 조선어학과 교수로 취임했다.[5] 일본 문부성령에 따라 1880년 3월에 설치된 도쿄외

---

4 정근식, 「구한말 일본인의 조선어교육과 통역 경찰의 형성」, 『한국문학연구』 32집, 200, 동국대학교 한국문학연구소, 22쪽.

국어학교 조선어학과는 손붕구(孫鵬
九, 재임: 1882.3-1883.8) 후임의 2년
임기로 이수정을 외국인 교사로 초
빙했다. 그는 곧바로 교과서 편찬에
착수하여 1년 뒤에 조선문화 학습교
재인『조선·일본 선린호화(善隣互話)』
를 간행하였다.

　이수정이 어떻게 조선어학과 교
사가 될 수 있었는지 과정이 분명치
않지만, 4차 수신사 박영효 일행이
1882년 9월 2일 도쿄에 도착하자 조
선어학과 생도 고쿠부 쇼타로(國分
象太郎)가 안내와 통역을 맡았는데[6],

이수정이 간행한 한국어회화책
『조선 일본 선린호화(朝鮮日本善隣互話)』.
(일본 국립국회도서관 소장)

이때 도쿄외국어학교와 연락이 되었을 가능성이 있다. 1876년 1차
수신사가 파견되었을 때 일본 측 접대기록인『항한필휴(航韓必携)』
5월 26일자「성료배관(省寮拜觀)」에 이미 외국어학교 방문 일정이
잡혀 있었으며, 민종묵의 보고서『문견사건(聞見事件)』에도 외국어
학교에 들른 기록이 있다.

5　『東京外國語學校沿革』, 1932 및『明治 文部省 11年報』902쪽, 김태준,「李樹廷,
　동포의 영혼의 구제를 위한 염원」,『翰林日本學』2집, 한림대학교 일본학연구소,
　1997, 14쪽 재인용.

6　박영효,『사화기략(使和記略)』.

농업을 배우려다가 기독교를 받아들여

강화도조약이 체결된 뒤에 조정에서 새로운 문물을 받아들이기 위해 조사시찰단(朝士視察團)을 일본에 파견하였다. 1881년 4월 10일부터 윤7월 2일까지 넉 달 동안 60여 명이 일본에 머물며 각 분야의 전문가들과 기관을 찾아다녔고, 정부에 보고서를 제출하였다. 이 가운데 손붕구(1852-?)는 6월 17일 시나가와(品川)의 유리제작소를 견학하고 나서, 그곳에 임시로 거처하면서 제조법을 연구하기 위해 직공견습(職工見習)을 하였다. 그러나 일본 정부에서 한국어교사를 필요로 하자, 1882년 3월부터 조선어학과 강사로 초빙되어 일본 생도들을 가르쳤다. 이수정에게 조선어교사를 넘겨준 뒤에 귀국한 그는 대한제국의 농상공부(農商工部) 광산국장(鑛山局長) 등을 지냈다.

조사시찰단 수행원 가운데 안종수(安宗洙, 1859-1896)는 일본의 농학자 쓰다 센(津田仙, 1837-1908)과 접촉하는 한편, 서양의 근대 농법을 처음으로 우리나라에 소개한 『농정신편(農政新編)』을 편찬하였다. 안종수는 귀국한 뒤에 이수정에게 일본에 가서 농업을 배우라고 권하였다.

이수정은 1882년 겨울 도쿄에 와서 쓰다를 만나서 잠시 농업을 배웠다. 쓰다의 안내로 쓰키지교회(築地敎會)의 성탄예배에 참석했던 이수정은 신앙을 받아들이고, 1883년 4월 29일 로게쓰초(露月町)교회에서 야스카와(安川亨) 목사에게 세례를 받았다. 일본인들의 세례과정은 인생을 걸 정도로 심각하여, 이수정은 자신이 그동

한복을 입은 이수정의 왼쪽이 녹스, 오른쪽이 야스카와이다. 미국성서공회 아카이브

안 믿던 유교를 극복한 뒤에도 야스카와 목사에게 기독교와 불교의 공통점과 차이점을 질문하는 등 번민과 방황 끝에 세례를 받기로 결심한 것이다. 세례문답은 녹스 목사가 주관하였는데, 녹스 목사가 영어로 질문하면 야스카와 목사가 이수정과 한문으로 필담하면서 답변을 정리하여 녹스 목사에게 전달하다 보니, 두 시간이나 걸렸다.

　이수정의 세례 기사가 『칠일잡보(七一雜報)』에 실린 1883년 5월 11일은 바로 제3회 일본기독교 신도대친목회의 제4일째 날이며, 이날 회의장인 도쿄의 신사카에교회(新榮敎會)에서는 아침 8시 기도회에서 조선인 이수정이 자기 나라 말로 회중(會中) 기도를 드린 날이었다. 『칠일잡보』에 따르면 이날 원로 성경학자 오쿠노 마

한복을 입은 이수정 옆에 모자를 든 사람이 쓰다이다.

사쓰나(奧野昌綱) 씨의 발의에 따리 이수정이 자국어로 기도를 드
렸다는 기사가 실려 있다. 이날 찍은 기념사진에는 40여 명 일본
교단 지도자들이 자리를 함께했는데, 쓰다 센과 한복차림의 이수
정이 앞줄 가운데에 앉아 있다. 이수정의 기도는 조선말로 된 기
도였음에도 우치무라 간조(內村鑑三)를 크게 감동시켰다고 한다.[7]

<hr>

7 김태준, 「李樹廷, 동포의 영혼의 구제를 위한 염원」, 『翰林日本學』 2집, 한림대학교
   일본학연구소, 1997, 12쪽.

한글에 토를 단 현토 신약전서를 간행하다

한국의 지식인 이수정이 기독교로 개종하였다는 소식을 듣고, 미국성서공회 일본지부 총무였던 루미스가 이런 변화가 "복음이 저 '은둔의 나라'에 들어갈 수 있는 길을 열어줄 것"을 확신하고 그를 찾아가 신약성경 번역을 제안하였다.[8] 당시 일본에서는 훈점(訓點)을 단 『훈독신약전서(訓讀新約全書)』가 지식인들에게 호응이 높았으므로, 루미스는 이수정에게 한한성경(漢韓聖經)으로 번역을 시작하자고 하였다.

한한성경이란 중국에서 간행된 한문 성경에 현토(懸吐)하는 방식이었는데, 현토는 번역이라기보다 한문 원전을 한국인들이 읽기 쉽도록 도와주는 방식이었다. 서당에서 훈장이 『논어』에 구두(句讀)를 떼어 토를 붙여 읽어주면 학생들이 자기가 가지고 있는 『논어』에 토를 받아쓰는 방식이었다.

이수정은 월급 50원을 받으면서 상당히 빠른 속도로 현토 작업을 진행하여, 6월 21일에 사복음과 사도행전의 현토가 끝나고 11월에는 요코하마에서 1천 부씩 인쇄를 마쳤다. 이수정은 신약성경 전체의 현토 작업을 마치고 싶어 했지만, 만주에서 로스 목사가 번역한 성경을 받아본 루미스가 이수정에게 본격적인 번역작업을 제안하였다. 이수정이 국한문 혼용의 『마가복음』 번역을 시작했지만, 이수정이 월급 120원을 받고 9월부터 도쿄외국어학교 조선어

8　이만열, 「이수정의 성경번역과 한국교회사의 의미」, 『한국기독교와 역사』 43호, 한국기독교역사연구소, 2012, 11쪽.

현토본 마태전의 표지와 제1장

학과 교사로 임용되면서 속도에 차질이 생겼다.

현토본을 다시 번역한 『마가젼복음셔언ᄒᆡ』는 조선시대의 전통적인 언해(諺解) 방식을 따라 직역(直譯)하였다.

신神의ᄌ子예슈쓰크리슈도스 耶蘇基督의 복음福音이니 그 처음이라. 예언ᄌ豫言者의 기록記錄ᄒᆞᆫ 바의 일너스되 보라 니 나의 사ᄌ使者를 네 압ᄒ ᅵ보니여써네도道를 갖츄게 ᄒ리라ᄒᆞᆫ 말과 갓치 …

현토(懸吐)에서 언해(諺解)로 진전하였으므로 그리스도(耶蘇基督)을 예슈쓰크리슈도스로 번역했지만, 신(神)이나 예언자(豫言者), 사자(使者) 등은 번역하지 않았다. 중국식 한자어 상제(上帝)보다는

마
가
젼
복
음
셔

일

언해본 마가젼 복음셔 제1장

일본식 한자어 신(神)을 사용하다 보니, 아펜젤러가 이수정 번역본을 조선인들에게 보이고 평가하게 한 결과, "예수그리스도가 귀신의 아들이라는 인상을 조선인들에게 심어줄 염려가 있다는 판단에 이르렀다"고 한다.[9] 이 번역본을 받아본 언더우드도 번역을 고칠 필요성을 느꼈다.

---

9   김태준, 앞의 글, 22쪽.

미국에서 미리 부탁한 한국어 교육

기독교 복음을 받아들인 이수정은 빠른 시일에 여러 가지 일들을 하였다. 로스 목사의 『마태복음』 번역본에 실린 주기도문과 별도의 새로운 번역을 미국성서공회가 발행하는 「바이블 소사이어티 레코드(BSR)」 1885년 5월호에 투고하였다. 루미스는 이수정의 주기도문 번역문을 그의 붓글씨, 자신의 영어 해설과 함께 보낸 뒤에도 모두 12회에 걸쳐 이수정 관련 기록을 BSR에 싣게 하였다.[10]

선교지를 정하지 못해 번민하던 언더우드는 미국장로교에 자신을 한국선교사로 보내달라고 요청하는 편지를 1884년 7월 10일에 보냈다. "몇 개월 전에 한국인들 중에 선교사를 파견해 달라는 이수정의 진지한 호소를 읽기 전까지, 어느 선교지로 가야 하는지 결정하지 못했습니다."[11]

언더우드의 한국행이 7월에 미국 선교지에 소개되었으며, 일본에서 이수정에게 한국어를 배우고 입국할 계획이라는 내용까지 실렸다.[12] 언더우드는 이수정에게 한국어를 배운 뒤에, 이수정이 번역한 『신약마가복음셔언히』를 가지고 한국에 들어왔다. 선교사가 입국하기 전에 그 나라 사람에 의해 그 나라 글자로 성경이 번역된 첫 번째 사례가 만들어졌지만, 1년 뒤에 귀국한 이수정은 보수파 정권에 의해 처형되어 더 이상 복음화 사업에 결실을 맺지 못했다.

---

10 박용규, 「최근 이수정 관련 사료 발굴과 교회사적 의의」, 『역사신학논총』 32집, 2018, 23-24쪽.

11 같은 글, 25쪽 재인용.

12 같은 글, 26쪽.

우리아버님하늘의게옵시니원건디셩허옵다
이름나며네나라이임허여이르러네뜻시셔러금
이뤄되셔쳑잇셔하늘의잇슴갓치허시고우리쓰
는바양식을오날나를쥬시며우리모든짐을벗겨
쥬시되네가서내게진소람을벗겨쥬듯허시고더욱
나를쌔와혹허는데로인도허시지마옵시며이의
나를악헌데건겨쎄녀쥬쇼셔디져나라와권파영
홰아네게로도라가되이의디져로잇츠옵쇼셔아
멘

이수정이 쓴 주기도문 (박용규 사진)

5

언더우드를 가르치고
국문연구소 위원으로 활동한 송순용

언더우드는 도쿄에서 두 달 동안 머물며 이수정을 비롯한 개화파 인물들로부터 한국어를 배운 뒤에, 이수정이 번역한 『신약마가젼복음셔언히』를 들고 1885년 4월 5일에 한국에 도착하여 집중적으로 한국어를 공부하였다. 그에게 한국어를 가르친 대표적인 교사가 송순용인데, 송순용은 출처가 명확치 않은 인물이다. 여러 기록에서는 자(字)인 송덕조(宋德祚)로 기록되었으며, 후반에는 송기용(宋綺用, 宋琪用)이라는 이름으로 활동한 것으로 나타난다. 공식적 기록인 『한국사』에서도 송덕조를 본명으로 인식하여 다음과 같이 표기하였다.

성경 번역 추진사업은 滿洲(만주)에서 在滿韓人(재만한인)들에게 宣敎(선교)를 시작하였던 스코틀랜드 全國聖書公會(전국성서공

회)와 日本(일본)에서 聖書韓譯(성서한역)에 착수하였던 美國聖書
公會(미국성서공회)와 1887년에 로쓰譯(역) 新約全書(신약전서) 完
譯本(완역본)의 출간비를 보조한 英國(영국) 外地聖書公會(외지성
서공회)의 責任(책임) 主管下(주관하)에 진행되어왔고, 언더우드,
게일. 레이놀즈 등 3인과 그들의 同役者(동역자)이던 宋德祚(송덕
조), 李承斗(이승두), 金鼎三(김정삼) 등이 다년간 譯經事業(역경사
업)에 종사하였다.[1]

천주교 신부들에게 한국어를 가르치다가
언더우드를 가르치다

서울에 도착한 언더우드의 공식적인 직함은 제중원 교사였지만,
처음 2년 동안은 많은 시간을 한국어 공부에 투자하였다. 그가
처음으로 구한 한국어교사는 천주교인이었다. 언더우드는 1885년
7월 6일 북장로교 해외선교부 총무 엘린우드에게 보낸 편지에서
자신의 한국어교사를 이렇게 소개하였다.

저는 지금 열심히 언어를 공부하고 있으며, 최선을 다해 빨리 익히
려고 합니다. 말씀드린 것으로 압니다만, 저는 어학교사로 한 천주교
인을 구했습니다. 얼마 동안은 천주교인 가운데 한 사람을 쓰는 것이
좋을지 몰라서 망설였으나, 그가 이 나라에서 가장 탁월한 교사이고

---

1 국사편찬위원회, 『한국사 20. 근대문화의 발생』, 「III. 基督敎의 展開, 1. 基督敎의
   展開, (5) 基督敎書籍의 刊行」, 1981(한국사데이터베이스).

(최소한 그는 모든 곳에서 그런 명성을 가지고 있습니다.), 또 그가 와서 고용되기를 청했으므로 그를 채용하기로 결정했습니다.

그는 칠팔 명의 프랜시스파 신부들을 가르쳤기 때문에 외국인을 가르친 풍부한 경험이 있는 자로『한불ᄌ뎐(韓佛字典)』을 편집하는 데도 관여했습니다.[2]

선교사들의 편지나 일기, 회고록에는 자신을 가르친 한국어교 사의 이름이 대부분 정확하게 기록되지 않는다. 이름을 아예 쓰 지 않거나, '이 선생'이나 '김 씨' 등으로 성만 쓰기도 했는데, 이 편지에서도 이름을 쓰지 않았다.

언더우드는 천주교인을 한국어교사로 채용하여 날마다 만나는 것이 문제가 될까 봐 망설였지만, "그것이 섭리였다."라고 생각할 정도로 이 교사에게 만족하였다. 언더우드가 만족한 이유는 그가 외국인을 가르친 경험이 풍부하고, 『한불ᄌ뎐(韓佛字典)』을 편집 하는 데 관여한 경험까지 있기 때문이었다. 그가 언더우드를 찾 아와 한국어교사로 고용되기를 청한 것은 한국어 교육에 자신이 있기 때문이었다. 송순용은 천주교가 앞서 축적해온 한국어 연구 결과를 개신교에 전달하는 다리 역할을 하였다. 근대식 교육이 없던 한국에서 송순용은 준비된 한국어교사였으며, 언더우드는 자신이 계획하고 있던 이중어 사전의 편집 경험자를 만나면서 한 국어 습득과 사전 편찬이 빨라졌다.

언더우드가 1885년 8월 29일 엘린우드에게 보낸 편지에 의하

2　이만열·옥성득 편역, 『언더우드 자료집 Ⅰ』, 연세대학교출판부, 2005, 10~11쪽.

면, 언더우드는 정동에 새로 구입하여 수리한 집에서 어학 공부에 매진하고 있는데, 송순용을 어학교사로 처음 고용할 때 들었던 바대로 그는 능력 있는 교사라고 재삼 확인하였다. 이듬해인 1886년 1월 31일 엘린우드에게 보낸 편지에서는 한국어 교수 방법이 간단히 소개되었다.

> 저는 이곳에 온 후 언어 공부를 열심히 해 왔으며, 최상급 교사의 도움을 받아 신속한 진보를 이루었습니다. 한글로 번역된 임브리 의사(Dr. Imbrie)의 일본어 책이 큰 도움이 되었습니다. 한국어에 맞게 약간씩 고쳐진 이 문장들은 한국어 공부에 대한 훌륭한 자료가 될 것입니다.
> 저는 이미 알고 있는 한국어를 수집해서 한 권의 작은 한국어 입문서를 출판해 달라는 요청을 받았습니다. 열심히 하면 6월이나 7월까지 그런 책자를 준비할 수 있습니다.[3]

임브리의 책 『영일어원』(English·Japanese Etymology)은 언더우드가 일본에 두 달 머무는 동안에 접하게 된 책인데, 이 책의 일본어 부분을 송순용의 도움을 받아 한국어로 번역하여 그의 『한영문법』(1890) 저술에 적용하였다.

---

3 이만열·옥성득 편역, 위의 책, 27-28쪽.

성서위원회에 참여하다

1년 동안 정기적으로 한국어를 배워서 한국어로 강의까지 하던 언더우드는 1886년 4월 16일 편지에서 '제대로 된 한국어 성경 번역이 필요하다.'고 엘린우드에게 제안하였다.

> 로스 씨는 신약전서 한글 번역을 마쳤으나, 저는 그것이 서울에서는 쓸데없고 북한 지역과 번역이 이루어진 만주 한인촌 지역에서만 유용하리라고 생각합니다.
> 미국성서공회의 역본(이수정본) 역시 크게 쓸모가 없으며, 본토인들만이 수정하고 검토할 수 있었던 성경 역본을 발간하는 것은 약간 위험하다고 생각합니다. 일본의 루미스 씨는 저에게 마가복음과 누가복음을 읽고 수정해 달라고 부탁했지만, 현재로서는 불가능합니다.

그는 자신의 한국어 능력이 부족해서 수정이 불가능하다고 표현했지만, 실제로는 이 두 가지 성경 번역이 처음부터 문제가 있었다고 판단하였다. 로스 번역본은 북한 지역의 사투리가 많았기 때문에 당시 한국의 중심인 서울에서 사용할 수 없었고, 이수정 번역본은 신학 교육을 받지 않은 본토인(한국인)이 단독으로 번역했기 때문에 위험하다는 것이다. 이수정의 번역은 그 자신이 처음 성경을 읽으면서 기독교의 진리를 이해하는 데에는 도움이 되었지만, 출판하여 많은 사람들에게 읽히려면 용어 하나부터 본격적인 검토가 필요했다.

마가의젼흔복음을셔언ᄒᆡ

뎨일쟝 ᅳ상뎨의아들예수쓰크리스도스복음이니그처음이라 二

션지쟈의긔록흔바에닐너스되보라내가나의ᄉ쟈를네압희보내

여ᄡᅥ네도를곳초게ᄒᆞ리라흔말과곳처 三들에사ᄅᆞᆷ의소ᄅᆡ잇셔웨

쳐닐ᄋᆞ틔쥬의도를곳초아그길을곳게흔다ᄒᆞ더니 四요한네ᄡᅥ가

들에셔밥ᄐᆡ슈마룰베푸러뉘옷쳐곳처ᄂᆞᆫ밥ᄐᆡ슈마룰젼ᄒᆞ야ᄒᆞ곰

죄의샤홈을엇게ᄒᆞ니 五원유틔아성과다못예루살넴사ᄅᆞᆷ이다와

셔요르단하슈에셔요한네ᄡᅥ의게밥ᄐᆡ슈마룰밧고각각제죄룰곳복

ᅙᅳ더라 六대뎌요한네ᄡᅥ눈약틱의털을닙고허리에가죽ᄯᅴ룰ᄯᅴ고

먹눈거슨황츙과들ᄭᅮᆯ이러라 七반포ᄒᆞ여글ᄋᆞ틔내뒤에혼사ᄅᆞᆷ이

오되나보다나흔지라곳굽혀그사ᄅᆞᆷ의신들메푸눈소임도내가감

당치못ᄒᆞᆯ거시며 八나눈밥ᄐᆡ슈마룰물노ᄡᅥ너의게주거니와오직

이사ᄅᆞᆷ은밥ᄐᆡ슈마룰셩령으로ᄡᅥ너의게주리라ᄒᆞ더라○ 九이ᄯᆡ

송순용이 참여한 1887년 개정판 『마가복음』(대한성서공회 소장본)

　　언더우드는 이미 1885년 10월부터 아펜젤러와 함께 이수정의 『마가복음』을 수정하기 시작했다. 그 과정에서 공식적인 기구가 필요함을 느끼고, 1887년 2월 7일에 성서위원회를 구성했다. 한국인 어학교사들은 초고 수정, 개정, 교정 등 모든 과정에 일정한 도움을 주었다.[4] 예를 들어 1장 2절의 '예언ᄌ'를 '션지쟈'로 수정한

것도 『한불ᄌ뎐』 편집에 참여한 송순용의 영향으로 수정되었을 것으로 보인다.[5]

1893년 5월에 성서위원회가 상임성서실행위원회로 개편되면서 실무자 모임인 성서번역자회를 설치하였는데, 언더우드를 비롯한 선교사 5인이 위원이었다. 이때 초기 번역에 참여한 한국인 조수들로는 송덕조(송순용)·조성규·이창직·정동명·김명준·김정삼 등이 파악된다.[6]

"선교사들은 헬라어 성서와 개정판 영어 성경(Revised Version), 한국인 조수들은 중국의 대표자본(Delegates Version)을 저본으로 하되, 일본어 성서도 참조하여 번역한다."[7]라는 원칙과 방법에 따라 언더우드에게 할당된 누가복음을 송순용이 한문 문리본을 저본으로 초고 번역을 하면 언더우드가 초고를 바탕으로 개인역을 완성하여 번역자회에 제출하였다. 각 번역자는 개인적으로 읽은 뒤 수정하여 원 번역자에게 보냈으며, 각 번역자가 재수정한 원고를 공동 독회모임에 제출하면 한 절씩 읽고 검토하여 다수결 투표로 시험 역본 원고를 결정했다. 한국인 조수들은 의결권이 없었는데, 1907년에 가서야 이창직과 김정삼이 정식 번역위원이 되었다.

---

4 옥성득, 「1887년 개정판 『마가의젼흔복음셔언ᄒᆡ』」, 『성경원문연구』 제38호, 대한성서공회, 2016, 124쪽.

5 옥성득, 위의 글, 134쪽.

6 이덕주, 「초기 한글 성서 번역에 관한 연구」, 그리스도교와 겨레문화연구회, 『한글성서와 겨레문화』, 기독교문사, 1985, 442쪽.

7 이덕주, 「제1세대 성서'를 통해 이루어진 복음의 토착화」, 『Canon & Culture』 제5권 2호, 한국신학정보연구원, 2010, 89쪽에서 재인용.

언더우드 사전과 문법서 출판에 참여하다

언더우드는 1888년 3월 18일 엘린우드에게 보낸 편지에서, 문서 선교를 원활하게 하기 위해 서울에 인쇄소를 설치하자고 제안하였다. 그러나 인쇄소를 설치할 형편이 못 되자 결국 한국어교사와 함께 일본에 가서 교정을 보기로 하였다. 언더우드는 1889년 3월 14일에 호튼 의사와 결혼하고, 신혼여행을 겸하여 황해도와 평안도 전도여행에 나섰는데, 돌아오자마자 한강가 별장에서 사전과 문법서 편찬에 몰두하였다.

이 별장은 왕실에서 중국 사신을 접대하던 제천정(濟川亭)인데, 청일전쟁 이후 청나라와의 관계가 달라지자 언더우드에게 매각

농암 이현보가 제천정에서 전별연을 받고 있다.

하였다. 언더우드는 1889년 7월 10일 엘린우드에게 보낸 편지에서 "다행히 한강변에 집을 얻어서 여름 삼복더위에도 일을 계속할 수 있으며, 8월 중순까지 사전 원고를 인쇄소에 넘길 수 있을 것"이라고 간단히 썼지만, 첫 살림을 차린 신부 호튼은 별장의 모습을 자세하게 묘사하였다.

> 그해 여름은 강둑 위의 높은 벼랑 꼭대기에 있는 조선식 여름 별장에서 지냈다. 그것은 왕의 소유였는데, 그 한 해 전에는 왕가에서 우리의 선교단이 사용하도록 허락했었으며, 지금은 우리에게까지 그 호의가 베풀어졌던 것이다. 그것은 수면에서 약 50피트쯤 위에 있는 바위 위에 위치해 있었으며, 조선 사람들이 이상적인 건축으로 여기는 멋지고 시원하며 그림 같은 여름 거처 중 하나였다. 모서리가 예술적으로 곡선을 이루며 위로 뻗어 있는 그 지붕을 몇 개의 튼튼한 기둥이 떠받치고 있었으며, 벽은 모두 창문이었는데 공들인 도림질 세공 도안을 한 가벼운 나무로 만들어졌고 한쪽이 종이로 발라져 있었다. 그 문을 치켜올려서 지붕에 고리를 걸면 아주 효율적인 차일(遮日)이 되었다. 항상 미풍이 불어오고 효과적으로 차일되고 산과 한강을 훤히 바라볼 수 있는 이곳에서 언더우드 씨는 거의 여름 내내 그의 작은 사전을 만들었다.[8]

언더우드는 원래 대사전을 만들려고 했는데, 수요자들의 요구에 따르기 위해 우선 소사전을 출판하기로 하였다. 1890년 요코하마에서 출판된 『한영ᄌᆞ뎐』(韓英字典, A Concise Dictionary of the

---

8 L. H. 언더우드, 신복룡·최수근 역주, 『상투의 나라』, 집문당, 1999, 122쪽.

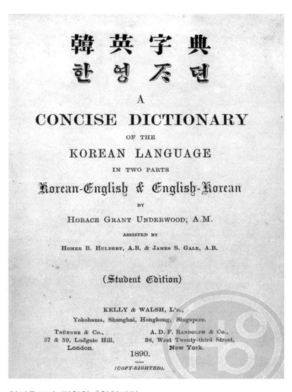

언더우드가 편찬한 『한영자전』

Korean Language in two parts Korean·English & English·Korean)의 서문에 그 과정이 밝혀져 있다.

영어로 된 한국어 사전이 없어 이 작업을 하게 되었다. 이 나라에 들어온 후 수개월 만에 이러한 사실을 깨닫고 영어 단어들과 대응하는 한국어 단어들을 수집하고 체계적으로 정리한 지 5년이 흘렀다.… 이 책의 대부분은 일에서 벗어난 여름 방학에나 가능했기에 지난여름 초에야 겨우 만여 개 단어가 유의어와 함께 정리되었다.…

처음 한영사전 부분은 게일(Gale)의 도움이 컸고, 그 다음 영한 사전 부분은 육영공원 헐버트(Hulbert)의 도움이 컸다. 이 작업 중에 가장 어려웠던 부분은 한글 철자법에 규범이 없다는 것이었다. 한글 철자는 순전히 발음에 의존하는데, 모두가 자기 철자 법칙이 맞다고 우기는 상황이고, 심지어 그 법칙이 상황에 따라 서로 달라져서 동일한 철자 규범을 가진 두 사람을 찾기 어려울 정도다. 다행히 『전운옥편』에 주어진 철자가 대부분 사람들이 수긍하는 편이라서 이 사전에서도 이에 근거하기로 하였다. 또한 옥편에서 찾지 못하는 단어들은 어떠한 단어에서 파생된 것인지를 확인하여 철자를 확인하는 노력을 하였다. 그 결과 많은 한국어 단어들이 한자에서 파생되었고 철자도 서로 대응되는 것을 발견하였다. 그리고 모든 단어들을 『한불자전』에 실린 단어들과 꼼꼼히 비교하여 정통적인 철자 규칙이 발견되지 않을 시에는 그들의 철자와 일치시켰다.

맞춤법 통일안이 만들어지기 전이어서 책마다 사람마다 철자법이 달랐는데, 언더우드는 한국어교사의 도움을 받으며 『전운옥편』의 철자를 규범으로 하여 사전을 완성하였다. 문자의 순서는 한국에 있는 영어권 학생들에게 이미 익숙한 『한불자전』의 순서를 따랐다. 자음과 모음 25개를 누구나 하루 만에 터득할 수 있어서 번역이 불필요하다고 생각하여, 『한불자전』의 한글 단어 옆에 표기된 로마자 발음표기를 삭제하였다. 『한불자전』에는 하나의 단어가 상황에 따라 여러 가지 의미를 나타내는 것으로 소개되었는데, 언더우드는 한국어교사의 자문을 받아 가장 단순한 정의를 소개하였다. 즉 상황에 따른 용법의 의미가 아니라 어원적인 근본 의미를 구하려고 시도하였다.

프랑스 선교사들이 이룬 놀라운 사전 작업에서 많은 도움을 얻었음을 밝히게 되어 기쁘다. 철자나 의미 정의 면에서 다름이 많았지만 특히 한영사전 작업에 도움이 컸다. 송순용(宋淳容)에게 감사를 돌린다. 그의 꼼꼼한 작업과 언문에 대한 충분한 식견이 없었더라면 이 사전의 현재와 같은 정확성을 기대하지 못했을 것이다.

이 사전의 서문에는 언더우드의 한국어교사 송순용(宋淳容)의 이름이 처음 드러난다. 원고 집필을 마친 언더우드 부부는 1889년 10월에 송순용과 함께 일본 요코하마에 갔다. 1890년 2월 엘린우드에게 보낸 편지에서 "우리는 최소한 한글 활자를 모두 만들었고, 사전 인쇄를 시작했다."라고 밝혔지만, 3월 2일에 보낸 편지에서도 여전히 활자를 만들며 열심히 인쇄하고 있다고 하였다. "한국인 어학교사가 있고 그가 먼저 전체를 교정하지만 … 책의 절반은 교정 대상 언어가 세 가지[영어, 한문, 한글]이므로 쉽지 않다."라고 한 것을 보면 활자를 새로 만들고 교정을 보느라고 예상보다 많은 시간이 걸렸음을 알 수 있다. 게다가 송순용은 일본 음식에 적응하지 못해 많이 고생하였다.

이때 사전 다음으로 출판된 책은 『한영문법』(An Introduction to the Korean Spoken Language)이다. 한국어 문법을 체계적으로 기술하기보다는 학습자가 한국어를 능숙하게 구사할 수 있도록 안내하는 책이다. 언더우드는 임브리의 『영일어원』을 한국어 학습에 적용하였다.

1부는 12장으로 구성된 문법 설명(grammatical notes)을 실었다.

HANDBOOK
OF
ENGLISH-JAPANESE
ETYMOLOGY.
BY
WILLIAM IMBRIE.

TŌKIYŌ:
PRINTED BY R. MEIKLEJOHN & Co., YOKOHAMA.
1880.

임브리가 출판한「영일어원」

鮮 英 文 法
션 영 문 법

AN INTRODUCTION
TO THE
KOREAN SPOKEN LANGUAGE
BY
HORACE GRANT UNDERWOOD

IN TWO PARTS:
PART I. GRAMMATICAL NOTES
PART II. ENGLISH INTO KOREAN

SECOND EDITION
REVISED AND ENLARGED WITH THE ASSISTANCE OF
HORACE HORTON UNDERWOOD, A.B.

EUROPE AND AMERICA
THE MACMILLAN COMPANY, NEW YORK
THE FAR EAST
KELLY & WALSH, LTD., YOKOHAMA, SHANGHAI
THE KOREAN RELIGIOUS TRACT SOCIETY, SEOUL, KOREA
[ALL RIGHT RESERVED]
1914

언더우드가 지은「한영문법」을 그의 아들
원한경이 개정한「션영문법」

먼저 한국어 학습의 특징을 언급하면서 한글 자모와 발음을 소개하고, 이어서 품사별 어휘와 경어법, 문장 구조 순으로 한국어의 문법적인 특징을 설명하였다. 2부는 10장으로 구성된 영한대조문 (English into Korean)을 품사별로 나누어 설명하면서 영어 문장과 대응하는 한국어 문장을 예문으로 제시하였다.

이 책의 문법 설명에는 명사의 격 변화를 곡용(曲用)으로 인식하기보다는 후치사(後置詞)의 결합으로 인식한 점이 돋보인다. 이 외에도 경어법(honorifics)을 별개의 문법 부문으로 독립시키는 등 프랑스 선교사들의 문법서와는 다소 다른 모습을 보이고 있다.

선유위원으로 활동하다

조선시대에 의병운동이 일어날 때마다 정부는 선유사(宣諭使)를 파견하여 의병에 가담한 사람들과 소요 지역 주민을 대상으로 설득과 선유활동을 벌이게 하였다. 따라서 선유사는 정부와 국왕의 신임을 받아야 할 뿐 아니라 선유 대상인 의병이나 일반 주민들에게도 인정을 받을 수 있는 인물이라야 했다. 정부에서 그리스도인을 선유사로 임명한 것은 정미의병운동 때였다.[9] 정동교회 최병헌 목사의 선유활동은 최근 『기독교사상』에 연재되었다.[10]

그리스도인 선유사의 임명은 미국 샌프란시스코에서 발행된 『공립신보』 1908년 2월 5일 자에 "내보(內報) 1월 4일. 선교사 선유"라는 제목으로 소개되기도 하였다.

> 지방의 소요함이 일 년이 넘어도 침식이 되지 못하여 옥석(玉石)의 구분(俱焚)하는 고로 선유사를 보내어도 효험 없고 자위단(自衛團)이 다녀도 쓸데없는지라. 근일에는 예수교 선교사 최병헌 씨와 송기용 씨로 선유위원을 차정(差定)하여 충청도 지방으로 보낸다더라.

여기에 예수교인 송기용이라는 이름이 등장하였는데, 송기용은 언더우드에게 한국어를 가르쳤던 송순용의 다른 이름이다. 대한제국 시기의 『승정원일기』에서 '송기용'(宋綺用)을 검색하면 다

---

9 이덕주, 「한말 기독교인들의 선유활동에 관한 연구」, 『한국기독교와역사』 10, 한국기독교역사연구소, 1999, 46-47쪽.

10 최병헌, 한규준 역주, 「충청남도 선유문안」, 『기독교사상』 2017년 10월호-2018년 11월호, 대한기독교서회.

음과 같은 결과가 나온다.

  고종 36년(1899) 1월 4일 임 탁지부 주사 송기용
  고종 36년(1899) 1월 20일 탁지부 주사 송기용 의원면본관(依
  願免本官)
  순종 1년(1907) 11월 21일 전 참봉 송기용 명 충청북도 선유위원

  언더우드를 도와 성경을 번역하던 송순용이 탁지부 주사가 되기
직전인 1898년 12월 9일 자『독립신문』과『황성신문』에 "교인고
빅"이라는 광고가 실렸는데, '음력 10월 23일에 보부상 도반수 길
영수와 상무장 박유진과 홍종우 등이 정동교회에 보낸 글에 교우를
지목하여 독립협회 역당의 창귀가 되었다 하고, 교당을 헐어 부수
고 교도를 도륙하겠다 하였으니 여러 교우는 음력 10월 26일에
상동 달성회당 앞으로 모이라.'고 송기용이 호소하는 내용이다.
실제로 송기용을 중심으로 한 기독교인 수백 명이 경무청 앞에서
시위하며 길영수 등의 처단을 요구하였다. 송기용이 다음 달에 탁
지부 주사로 임명된 것도 이러한 활동과 관련된 듯하다.
  국내의 여러 신문에 송기용의 선유활동이 자주 소개되었는데,
1908년 2월 25일 자『황성신문』의 "선유전문"(宣諭傳聞)에 성공적
인 활동 기사가 실렸다. 일본군 수비대장과 경찰서장이 순병(巡
兵)을 붙여 주겠다고 제안했지만, 송기용이 사양하고 청주 화양동
과 보은의 의병장을 찾아가 설득한 끝에 의병장과 부하들이 귀순
하였다. 그러나 3월 13일『승정원일기』에 송기용의 해임 기사가
실렸는데, 18일 자『공립신보』의 "선유소환"이라는 기사에 그 내

막이 밝혀져 있다.[11]

　　정부에서 지방 소요를 진압하기 위하여 예수교인 최병헌 송순용
양인을 선유위원으로 파송하였더니, 일전에 어떤 의병이 연동교당
목사 게일 씨에게 영서(英書)로 격문을 보내었는데, 그 대강에 말하
였으되,
　　"우리가 예수교인을 우대하는 것은 그 행위가 정당함일러니, 지
금 소위 전도사 몇 사람이 벼슬에 욕심내어 정부의 사냥개로 선유
위원을 도둑하였으니, 소위 교인(敎人)도 믿을 수 없는 물건이라.
그대는 즉시 불러가지 않으면 소위 교인은 모두 섬멸할 터이요, 그
대의 생명도 장차 보전치 못하리라."
　　하였으므로 게일 씨는 대경(大驚)하여 미국 영사(領事)와 상의하고,
통감부(統監府)에 교섭하여 장차 불러오기로 결정이 되었다 하며, 정부
에서는 영자(英字)의 필적(筆跡)을 장차 수탐(搜探)하는 중이라더라.

　　이 기사에 "예수교인 최병헌 송순용 양인을 선유위원으로 파송
하였"다고 했으니, 『승정원일기』에서는 '송기용'이라고 기록했어
도 『공립신보』 기자는 예전부터 익숙하던 이름 '송순용'을 그대로
썼음을 확인할 수 있다. 그전 해부터 전국적으로 국채보상운동이
전개되었는데, 1907년 5월 8일 자 『대한매일신보』에 "西小門內 聖
書公會 視務人 宋綺用 壹圓"(서소문내 성서공회 시무인 송기용 일원)이
라는 기사가 실려 있어, 성경을 번역하던 송순용이 송기용과 동일
인물임이 확실하다.

11　1908년 2월 18일 자 『대한매일신보』에는 같은 내용의 기사가 "선유낭패"(宣諭狼貝)
　　라는 제목으로 실렸는데, 여기에서는 '송순용'(宋循用)이라고 표기하였다.

국문연구소 위원으로 활동하다

갑오개혁 이후로 국문 연구가 활발해졌으므로, 학부(學部) 내에 국문연구소가 설치되었는데, 순종 1년(1907) 8월 16일 『승정원일기』에 "전 교원 송기용 명 국문연구위원"이라는 기사가 실렸다. 아무런 저서도 없던 그가 『대한국어문법』의 저자 주시경, 『국문정리』의 저자 이봉운, 『자전석요』(字典釋要)의 저자 지석영 등과 함께 국문연구위원에 임명된 이유는 언더우드에게 한국어를 가르치고 사전과 문법서를 함께 편찬하면서 터득한 지식 때문이었을 것이다.

국문연구소는 훈민정음 창제 당시의 정음청(正音廳) 이후 최초의 국문연구기관으로, 국문에 관한 여러 학설을 통일하는 방법을 모색하기 위해 설치되었다. 그러나 대부분 실무 경험이 적었던 탓인지, 10월 27일 자 『대한매일신보』에 '송기용 씨 외에는 국문 토(吐)도 제대로 달지 못해 말이 안 되는 구절이 허다하다.'는 기사가 실리더니, 송기용이 신문사에 찾아와 '위원들이 모두 국문 능력이 뛰어나다.'고 해명하는 기사가 10월 30일 자 같은 신문에 실렸다.

연구위원들은 1909년 12월 27일까지 23회에 걸친 회의를 열고 연구 토론한 결과를 정리한 『국문연구의정안』(國文研究議定案)을 학부에 제출했는데, 국운이 기울면서 이 결과가 국정에 반영되지는 못하였다. 그러나 아래아(·) 자를 그대로 쓰기로 한 것을 제외하면 이 의정안은 오늘날 우리가 사용하고 있는 문자 체계와 맞춤법의 원리를 그대로 보여주고 있으니, 당시로서는 앞서간 정책을 제안한 셈이다.

『국문연구의정안』,
고려대학교 해외한국학자료센터

『국문연구의정안』 보고서 넷째 줄에
'전 교관 송기용'의 위원 임명 사실이 보인다.

　　송순용은 근대적인 학문을 배우지 못한 교사였지만, 프랑스 신
부들에게 한국어를 가르치고 『한불자전』 편찬에 참여한 경험을
언더우드에게 전수하여 그가 빠른 시일에 한국어로 설교하고, 사
전과 문법서를 함께 편찬하게 도와주었다. 송순용은 언더우드를
가르치고 성경을 함께 번역하면서 체계화된 한국어 문법과 철자법
지식을 『국문연구의정안』에 반영하여 제1세대 한국어교사의 임무
를 성공적으로 수행하였다.

6

존스를 가르친 정동교회 첫 번째 한국인 목사 최병헌

초기 선교사 가운데 한국어를 가장 잘하고, 한국의 역사와 문화에 가장 조예가 깊었던 학자 선교사가 장로교에는 게일, 감리교에는 존스였는데, 존스(George Heber Jones, 趙元時, 1867-1919)는 미국에서 고등학교만 갓 졸업하고 선교사를 지망해서 한국에 왔다. 20세의 최연소 선교사였기에 한국에서 개인 학습을 통해 대학과정을 수업한 셈인데, 특히 한국어 수업을 통해 한국의 언어와 문학, 문화, 역사, 종교, 정치 등을 배운 끝에 웨슬리안대학에서 명예신학박사 학위를 받을 정도로 높은 수준에 이르렀다. 그에게 한국어를 가르친 교사가 바로 정동제일교회의 첫 번째 한국인 목사인 최병헌이다.

대부분의 선교사들은 3년 동안 정해진 한국어 수업을 마치고 어학시험을 통과하여 선교사 자격을 얻으면 한국어 공부를 그만두고 목회라든가 병원, 또는 교육 등의 실전에 투입되었다. 그러나 한국어 학습 속도가 가장 빨랐던 존스는 어학시험에 합격하고도 4년 4개월 동안 최병헌에게 한국어를 배우면서 한국의 문화와 종교를 배웠으니, 그가 국문이나 영어로 쓴 글들 가운데 상당수가 최병헌과의 공동 저술이라고 볼 수도 있다.

월급에 팔려 서양도깨비에게 한국어를 가르치다

초기의 한국어교사들은 대부분 이름이 알려지지 않았거나, 이름이 알려졌더라도 전후의 행적을 파악하기 힘든 인물임에 비해 탁사 (濯斯) 최병헌(崔炳憲, 1858-1927)의 생애는 널리 알려져 있다. 정동교회의 첫 번째 한국인 목회자이자 저술가로 활동했기 때문이기도 하지만, 최병헌 자신이 세상을 떠나기 전에 자서전이라고 할 수 있는 「자력일부(自歷一部)」를 『신학세계』에 게재하였으며, 세상을 떠난 뒤에는 누군가가 『최병헌선생약전(崔炳憲先生略傳)』을 써놓은 덕분이다.

최병헌은 1858년 충청북도 제천군에서 몰락한 양반의 아들로 태어나 여러 서당을 떠돌며 동냥공부를 했다. 보은에 사는 먼 친척 최직래의 양자로 입적해 과거시험 공부를 하다가, 남대문 안에 있는 회현방 상동에 집을 사서 서울로 이사하였다. 친구에게 『영환지략(瀛環志略)』을 얻어 읽으며 새로운 세상을 알게 되고 1888년 과거시험에 세 번째 낙방하자, 생계를 유지하기 위해 과거시험을 잠정적으로 포기하였다. 그해 10월 배재학당에 다니던 친구 윤호의 소개로 존스의 한국어교사가 되었기 때문이다.

조선시대에 관리를 선발하는 전통적인 제도가 과거시험이었으며, 몰락한 양반에게 과거시험 이외에는 생계수단이 없었는데, 이 시기에는 서양학문을 배워서 정부에 진출하기 위해 배재학당이나 육영공원에 입학하는 청년들이 늘어나기 시작하였다. 최병헌에게도 그러한 친구들이 있었다.

大姑母의 孫 南廷冕 家와 知舊中 吳養善 邸에 留ㅎ야 詩文으로 從遊ㅎ며 長安米를 索ㅎ더니 親友 中에 尹護와 朴明遠이 有ㅎ야 貞洞 培材學堂에 英文을 修學ㅎ는디 該 學堂은 美國 宣敎師 亞扁薛羅 氏의 創設ᄒᆞᆫ 것이오[1]

최병헌은 친지의 집에 얹혀살면서 막연히 생업을 구하던 중에 친구 윤호의 소개로 배재학당 교사 존스의 한국어교사가 되었다.

是時에 尹護氏가 先生 趙元時의게 紹介ㅎ야 朝鮮語 敎師로 薦ㅎ거늘 先生이 許多ᄒᆞᆫ 歲月을 客地에 虛送함이 不可ㅎ고 不遇의 歎이 不無ㅎ야 趙師의 語學敎授로 入ㅎ니 是卽 戊子 十月 十三日이라

존스는 1888년 5월 17일 한국에 들어왔는데, 이 무렵 서울에는 "선교사들이 조선 아이들을 유괴하여 간을 빼 먹는다"거나 "본국

1　저자가 밝혀지지 않은 『최병헌선생약전(崔炳憲先生略傳)』은 최병헌의 측근 누군가가 1930년대에 200자 원고지 50매에 국한문 혼용의 펜글씨로 기록한 것인데, 영인본과 이덕주의 「탁사선생 약전 풀이」를 함께 편집하여 1998년 정동삼문출판사에서 출판하였다. 이 책에는 페이지 숫자가 없다.

에 노예로 팔아넘긴다"는 헛소문이 돌고 있어서, 이 소문을 듣고 반신반의하던 최병헌은 존스를 처음 만나던 날 마치 식인종을 보듯 하였다.

先生이 亦是 訛言에 醉홈은 市虎의 三轉을 不○ㅎ야 疑訝中에 在ㅎ더니 忽然이 본즉 西人이 生得 碧眼角鬚오 深目高準이라 赤兎駿馬로 橫馳而走ㅎ민 路傍觀者 皆日 '如彼兇漢이 豈不食人乎'아 先生도 趙元時를 初見時에 恐懼心이 有ㅎ더니 數朔을 經ㅎ민 親密흔 情誼가 漸漸 鬱金에 至ㅎ더라

최병헌은 서양인에 관한 유언비어를 전해 듣고 반신반의하다가, 존스를 처음 만나서 푸른 눈과 뻣뻣한 수염, 깊숙한 눈과 높은 코를 보고는 두려워했지만 며칠 지나면서 조금씩 친해졌다. "내가 당분간 할 수 업시 월급에 팔녀서 저 사람의게 다니거니와 엇지 영구히 친할 자랴" 생각하고, 정동에 있는 존스의 집에 "매일 오전 아홉 시로부터 오후 네 시까지 일하고 점심시간은 한 시간 반가량으로 정하고"[2] 출근하였다. 미국식 "nine to five"의 직장생활을 시작한 것이다.

계속 과거시험에 낙방하여 생계가 막연해지자 할 수없이 서양 선교사에게 한국어를 가르치게 된 것이지만, 존스의 한국어교사로 취직한 것이 최병헌에게는 인생의 전환이었다. 존스에게 한국어를 가르치며 한문성서를 함께 읽고 토론했지만 한동안 기독교

---

2 노블 부인 편, 「최병헌 목사의 략력」, 『승리의 생활』, 조선기독교창문사, 1927, 15쪽.

를 받아들이지는 않았는데, 아펜
젤러는 최병헌의 한문 실력을 인
정하여 이듬해에 배재학당 한문선
생으로 채용했던 것이다.

최병헌은 선교사들의 설교를 통
해서 기독교를 받아들인 것이 아니
라, 성경을 읽으면서 자신의 유학
적 사고방식으로 이해하고 해석하
면서 받아들였다. 그랬기에 목사가
된 뒤에도 양반이나 유학자들에게
기독교를 전하기가 쉬웠다. 성경을

탁사 최병헌 목사. 정동제일교회.

읽기 시작한 지 5년 만에 존스에게서 세례(洗禮)를 받았는데, 탁사
(濯斯)라는 그의 호와 연관시켜 말하자면 탁신(濯身)을 한 셈이다.

최병헌은 「탁사음(濯斯吟)」이라는 시를 지어 자호의 뜻을 되새겼
다. '갓끈도 씻고, 발도 씻으니(我纓我足濯於斯)', '사람의 괴로움과
즐거움이 모두 이에서 말미암네(與人苦樂總由斯)' 유학자 최병헌은
자신의 모든 삶을 깨끗하게 씻어내며 고고하게 세상을 살아왔는
데, 존스에게 세례를 받으면서 갓끈이나 발만 씻은 것이 아니라
영혼을 씻어내고 새사람이 되었다. 1893년에 세례를 받고, 9월
4일에 권사 자격증을 받았다.[3] 존스는 선교사 가운데 가장 빠르게
한국어를 배웠는데, 한국어를 잘하면서도 5년 가깝게 최병헌을

---

3 허경진, 「몽유록 형식으로 유불선 신자에게 전도한 소설 『성산명경』」, 『기독교사
   상』 2018년 8월호, 130-131쪽.

붙들고 한국 문화와 종교를 배우다 보니 일방적인 교사와 학생이 아니라 서로 동양과 서양을 가르치고 배웠던 셈이다.

농상공부 주사와 전도사 임무를 병행하다

전통적인 유학자 최병헌이 기독교로 개종한 이유를 이덕주는 세 가지로 설명하였다. 첫째, 자신이 처한 현실에 대한 불만과 불안으로 인한 정신적 고뇌 때문이었다. 둘째, 자신은 길거리에 버려진 거지 환자를 보고 측은지심(惻隱之心)을 갖기는 했으나 실천에 옮기지 못했는데, 선교사는 데려다 치료하여 살려냈다는 윤리적 고뇌 때문이었다. 셋째, "조선을 문명케 할 유신한 종교"로 기독교를 적극 모색하기 시작한 정치적인 동기 때문이었다. 그러던 중에 1892년 10월 경무대(景武臺) 정시(庭試)에 응시했다가 관리의 횡포로 과장에 입장도 하지 못하는 좌절을 겪고 출세의 꿈을 포기하며 개종을 결심하였다.[4]

『최병헌선생약전(崔炳憲先生略傳)』은 이 시기 최병헌의 행적을 "自此로 先生이 科業을 廢하여 … 또한 權門 出入을 廢하여 … 出世揚眉하기를 엇지 希望하리오 潛居抱道하야 其時를 待함이 可하다 하고 이에 宗敎哲學을 硏究하기로 決心하엿다"는 석 줄로 표현하였는데, 과거시험 공부를 포기하고 권문세가의 집에 드나들지 않았다

---

4 이덕주, 「최병헌의 생애」, 『탁사 최병헌 목사의 생애와 신학』, 정동삼문출판사, 2008, 42-45쪽.

는 말은 전통적인 방법으로 벼슬 얻기를 단념하였다는 뜻이다. 그러나 그의 개종은 신비한 체험을 통한 것이 아니라 출세할 길이 막혀 잠시 때를 기다리기 위한 방편이기도 하였다.

아펜젤러가 기독교 서점을 열기 위해 1890년에 종로통에 큰 집을 사들였는데, 1894년 청일전쟁이 일어나 한역서학서(漢譯西學書)를 팔던 중국인들이 귀국하자 최병헌에게 관리를 맡겼다. 최병헌이 이 집에서 대동서시(大東書市)라는 서점을 경영하였다.

1894년에 갑오개혁을 추진하면서 과거시험을 거치지 않은 인물들에게도 벼슬할 기회가 열렸는데, 1895년 10월 명성왕후가 시해당한 어수선한 정국에 농상공부 주사(판임관 6등)로 추천되었다. 최병헌은 아펜젤러와 협의한 뒤에 취임하였으며, "여가에는 교회 사업에 진력하였다." 그러나 1897년에 농상공부 대신 이윤용이 "舊禮에 依하야 各廟祀陵墓에 春享祭官을 各課主事로 差備"하자 최병헌이 "心內에 自誓하되 上主를 尊敬하는 者 엇지 位牌를 崇拜하리오"하고 사직서를 제출하였다. 우상숭배를 할 수 없어서 사퇴한 것이다.

정동제일교회에서 열리고 있던 미감리회 한국선교 연례회에서 전도사 직첩을 받고 순행전도사가 되어 전도를 전업으로 삼게 되었지만, 그는 독립협회에 참여하여 근대적 시민운동에도 가담하였다. 적극적으로 집필하고 연설했을 뿐만 아니라 황국협회 보부상들의 폭행을 처벌하라고 시위하기도 했다. 사회 참여를 계속하던 그는 1906년 6월 연회에서 존스와 함께 정동제일교회 목사로 파송됐지만, 3월 6일에 이미 관립외국어학교 부교관으로 임명되어 11월 28일 관립한성영어학교 교관을 그만둘 때까지 교관으로 근무하였다.

이듬해 11월 21일에는 충청남도 선유위원으로 임명되어 의병을 해산하라고 설득하는 임무를 맡았는데,[5] '민족주의 계몽운동' 성격의 선유 활동으로 탁사는 다른 선유사들과 달리 지방 인민들로부터 환영을 받았고 그 때문에 통감부의 감시와 통제가 심해져 결국 예정보다 일찍 선유사 활동을 마칠 수밖에 없었다.[6] 전도와 목회활동 중간에 여러 차례 정부에 참여한 것은 나라에 쓰임받기 위해 공부하고 과거시험을 보았던 조선시대 선비의 기본적인 마음가짐인데, 통감부 체제에서 더 이상 정부에 봉사할 기회가 없음을 인식한 최병헌은 목회와 저술에 전념하게 되었다.

문서선교를 통해 지식인을 교회로 끌어들이다

그의 저술 가운데 가장 많은 독자를 끌어들였던 작품은 1907년부터 『신학월보』에 연재하였던 「셩산유람긔」인데, 2박3일의 꿈 이야기를 6회에 걸쳐 연재한 소설이다. 연재를 마치고나서 1909년 정동황화서재에서 『셩산명경』이라는 제목의 단행본으로 출판했는데, 당시에 유행하던 신소설이나 고대소설처럼 울긋불긋한 표지 그림만 보아도 이 소설의 대결 구도를 짐작할 수 있다. 학을 타고 구름 속으로 날아가는 백운(白雲, 도사), 장삼에 삿갓 차림인 원각(圓覺, 스님),

---

5 그의 선유 활동은 『충청남도 선유문안』이라는 제목으로 한규준·오세종에 의해 2017년 10월부터 2018년 11월까지 14회에 걸쳐 『기독교사상』에 연재되었다.

6 이덕주, 앞의 글, 79쪽.

도포 차림의 진도(眞道, 유학자), 성경 짐을 지고 가는 신천옹(信天翁, 기독교인)의 네 사람이 성산(聖山)에서 여섯 차례 논쟁을 하는데, 「욥기」에 나오는 욥과 그의 친구들 사이의 논쟁을 연상케 한다.

처음에는 종교 간의 대화가 이루어지는 듯하였지만 후반으로 갈수록 기독교의 변증으로 발전해, 결국은 백운, 원각, 진도의 세 사람이 모두 기독교로 개종한다. 최병헌은 유교·불교·도교가 선점한 조선의 민중들에게 기독교를 자연스럽게 알리기 위해 고심하였는데, 1922년 증정판 머리말에서 "이제 『성산명경』을 다시 증정(增訂)하는 것은 반도강산에 형제자매들로 하여금 만분지 일이라도 유익이 될까 함이오니, 이 책을 사람마다 사서 보시고 집집마다 구원 얻으시기를 바라나이다. 아멘."이라고 하면서 독자들에게 전도하였다.

그의 종교신학은 "삼인문답", "셩산유람긔", 『예수텬쥬량교변론』, "ㅅ교로략", 『셩산명경』, "종교변증설"에 이어 『만종일련』으로 이어지는바, 최병헌이 동양종교와 기독교를 비교하면서 고찰할 수 있었던 것은 동양종교와 기독교를 대립적인 것이라기보다는 연속성으로 파악하였기 때문이다.[7]

1935년에 감리교 선교 50주년을 맞이하여, 정동제일교회에서는 교회 벽에 아펜젤러와 최병헌의 행적을 기념하는 글을 새겼다. 교회를 위해 헌신한 그의 칠십 평생이 사언시 16구에 절실하게 담겨져 있다.

---

7 이세형, 「최병헌과 토착화신학」, 『탁사 최병헌 목사의 생애와 신학』, 정동삼문출판사, 2008, 183쪽.

1935년에 감리교 선교 50주년을 맞이하여,
정동제일교회에서 최병헌의 행적을 기념하여
교회 벽에 새긴 16구 사언시

아름답도다 우리 공이시여	猗歟我公
참으로 선각자시로다	實惟先覺
일찍이 벼슬길에서 떠나	早辭科宦
오로지 그리스도를 섬기셨네	專事基督
홀로 선하심에 어찌 멈추랴	獨善奚止
성서를 번역하여 펴내시고	聖書繙刻
대동서시를 창업하셔서	乃創書市
사람들이 마음껏 읽게 하셨네	令人縱覽

팔복이 어디에 있나	八福何在
십계명을 거울삼는데 있으니	十戒是鑑
자손들도 어버이를 본받아	子孫克肖
집안의 명성을 떨어뜨리지 않았네	不墜家聲
감람산의 빛이	橄欖山色
만고에 길이 푸르니	萬古長靑
아펜젤러와 형님 아우가 되어	伯仲亞氏
동서의 쌍벽을 이루었도다	東西是璧

(허경진 번역)

한국인 조수들의 도움으로 간행된 존스의 『영한ㅈ뎐』

언더우드가 1890년에 송순용의 도움을 받아 『한영ㅈ뎐』(2부 영한자전)을 출판하고, 스콧이 1891년에 『영한ㅈ뎐』을 출판하고 난 10여 년 뒤 1914년에 존스가 일본 교분관(敎文館)에서 『영한ㅈ뎐』을 출판하였는데, 독자는 당연히 선교사를 비롯한 서양인들이다. 이 사전은 본문 어휘부에 실린 영어 표제어 목록에 모두 일련번호를 달고, 부록에는 한국어 단어 색인표를 두어 이에 대응되는 영어 단어의 일련번호를 제시함으로써 한영사전의 기능도 겸비하게 하였다.

십 년 만에 새로운 사전이 나오게 된 까닭은 그만큼 새로운 말들이 많이 생겨났기 때문인데, 한국어 풀이의 특징으로 눈에 띄는 점은 한국어의 형용사 용법이 영어와 다른 점을 주목한 것이다.

존스와 신학반 신학생들

한국어를 영어로 번역하는 일에서 지속적으로 발생하는 문제는
형용사와 관련된 것인데, 한국어 구어에서 형용사는 독립적으로 사
용되는 단어가 아니라 자동사로 표현된다. 명사를 수식하기 위해서
는 동사의 특별한 형태로 사용되어 현재나 미래형으로 표현된다.
최근 두 개의 새로운 형태가 외부로부터 들어왔는데 하나는 '~에
관하여'라는 의미를 가지는 '샹(上)'이고, 다른 하나는 '주제'라는 의
미의 '덕(的)'이다. 여기에서는 형용사에 가장 적합한 형태로 분사형
인 '흔'을 포함하여 이 세 가지 형태를 모두 사용하였다.[8]

---

8 George Heber Jones, *An English - Korean Dictionary*, Kyobunkwan, 1914, Preface
   Ⅱ-Ⅲ.

존스는 영어의 형용사 단어와 한국어의 형용사 단어를 일대일 대응시키기 위해서는 '논리상 결함', '평화적 해결', '가련흔 사정' 등의 용법에서처럼 관형 형태를 형용사 범주로 정리해두어야 한다는 필요성을 느낀 것이다. 그는 또 그 당시 폭발적으로 증가한 새로운 개념어를 어떻게 번역할 것인지에 대해서도 고민하였다.

　　　　두 번째로 또 하나 중요한 문제는 동사형 명사를 찾는 일이다. 한자 어휘 단어로 빈도수가 낮은 경우에는 한문으로 제시하였지만, 'truth'처럼 많이 사용되는 단어의 경우에는 다소 어색하지만 '흠' 과 같은 동사어미를 사용하였다. 이 사전의 의도는 다분히 실험적 이다. 이는 수업용이나 학생을 위한 학문적 사전이지 회화용 사전 으로 기획된 것이 아니다.[9]

　　영어의 'satisfy'와 'satisfaction'을 '만족케ᄒ다'와 '만족흠'으로 풀이하여 대응하는 두 단어의 품사가 일치하도록 노력하였다. 그 당시에 이와 같은 동명사적 표현이 어색하여 실험적인 시도라고 하였지만 오늘날까지 너무나 자연스럽게 사용되는 것을 보면 존스의 실험은 성공한 셈이다. 또한 언더우드가 만든『영한ᄌ뎐』에서는 '내여ᄇ리오', '붓그럽게ᄒ오' 등과 같이 '하오체' 어휘를 표제어로 삼았으나, 존스는 'ᄉ양ᄒ다', '유인ᄒ다' 등의 기본형을 사전 표제어로 도입하였고, 이러한 형태 제시가 현대 사전에까지 이어지게 된 것이다.

---

9 같은 곳. III.

어떤 어휘들의 개념은 아직 보통의 한국인에게 잘 알려지지 않고 몇몇 학자들에게만 알려진 낯선 개념일 수 있다. 이 사전의 편찬자만큼이나 이 작업의 불완전성에 대해 잘 인식하는 사람이 없을 것이며, 오류에 대한 모든 지적과 제안을 기쁘게 받아들일 것이다.

이 작업에서 저자를 충실히 도와준 나의 한국어 조력자들에게 깊은 감사를 드린다. 현순 목사는 이 저서가 성공적으로 출간되도록 도왔다. 오세광은 이 작업의 전 과정에 더할 수 없이 깊은 도움을 주었다. 송기용은 이 저서의 국문 부분을 교정해 주었고, 예전 조력자이며 현재는 정부 공직에서 일하고 있는 이익채는 이 작업의 초기에 자료 수집을 도왔다.[10]

최병헌은 1897년 2월에 아펜젤러와 함께 『대한크리스도인회보』를 창간하고 주필이 되어 논설을 쓰기 시작했으며, 1898년 4월에는 일본 요코하마에 가서 한글 성경을 출판하기 위한 활자본을 썼다. 1899년에는 신학회 과정에 입학하여 전문적인 신학수업을 받고, 독자적인 구약 번역도 시도하였다. 아펜젤러가 순직한 뒤에는 정동제일교회에 파송 받아 존스와 함께 사역하였다.

존스에게 가장 오랫동안 한국어를 가르친 교사는 최병헌이지만, 그는 한국에서 가장 바쁜 한국인 목회자였기에 존스의 사전 편찬에 합류하지 못하고 다른 후배들이 도와주었다. '한국어 조력자'는 글자 그대로 『영한ᄌᆞ뎐』의 한국어 부분을 도와준 사람들인데, 대부분 정동제일교회 교인들이다. 존스가 여러 한국인들과 오랫동안

---

10 같은 곳, III-IV.

토론을 하며 원고를 정리했기에, 이 사전은 서양인 독자들에게 언더우드의 사전보다 훨씬 더 현실적인 지침서가 되었다.

존스가 1908년 연회보고서에서 '최병헌이 양반들을 교회로 많이 이끌어 교인 중에 고위층이 많다'고 했는데, 존스 사전 서문에 한국인 조력자로 밝힌 오세광은 1895년 김홍집내각에서 법부 주사, 안동부 참서관, 신녕군수 등으로 승진했으며, 이익채는 내부 주사, 주 아국(러시아) 공사관 서기생, 예천군수, 인동군수 등으로 승진하였다. 이처럼 선교사의 한국어교사들뿐만 아니라 한국어 조력자들도 대한제국에서 다방면으로 활발하게 활동하였음을 알 수 있다.

7

한국어교사가 되어 교수법과
교육제도를 확립한 애니 베어드

애니 애덤스는 1883년부터 1884년까지 하노버대학에 다녔으며, 윌리엄 베어드도 1885년에 하노버대학을 졸업하였다. 당시만 해도 대학에서 여성들에게 학사학위를 수여하는 것을 불편하게 여겼으므로, 애니 애덤스는 1885년에 와쉬번대학을 졸업하면서 L.L.L (Lady of Liberal Learning, 여성인문학사) 학위를 받았다.

애니 애덤스는 캔자스 주의 YWCA 간사가 되어 활동하다가 학생 집회에서 윌리엄 베어드를 만나 약혼하였다. 이들이 결혼하던 1890년에 한국 최초의 선교사인 호러스 언더우드의 형 존 언더우드가 한국에 가는 선교사의 봉급을 지급하겠다고 제안하자, 호러스 언더우드와 함께 사역하고 있던 샘 모펫이 윌리엄 베어드에게 편지를 써서 베어드 부부가 한국 선교사로 선정되었다. 샌프란시스코에서 태평양 우편수송선 차이나호를 타면서 그들의 신혼여행이자 선교

월리엄 베어드와 애니 베어드 선교사 부부

여행이 시작되었다. 1891년 2월 1일 제물포에 도착했는데, 이틀
뒤부터 열린 선교부 연례모임에서 이들이 부산에서 사역하기로
결정했다. 베어드 부부는 모펫의 독신자 숙소에 머물며 한국어 공
부를 시작하였다.

계속 바뀐 한국어교사

애니 베어드(Annie L. Adams Baird, 安愛理, 1864-1916)가 서울에
서 만났던 첫 번째 한국어교사는 이름이 알려지지 않았다. 이들
과 함께 살았던 모펫은 엘린우드 총무에게 보내는 편지에서 이들

의 한국어 공부에 관해 이렇게 기록했다.

> 베어드 부부가 도착해서 제 집에 머무르고 있는데, 아마 1년 정도 더 머무를 것 같습니다. 선교부는 그들이 부산에 가기 전에 1년 동안 서울말을 배워야 한다고 결정했기 때문입니다.[1]

로스 번역의 평북방언 성경과 이수정 번역의 현토(懸吐) 성경에서 교훈을 얻은 선교부에서는 이들 부부가 부산 방언을 배우기 전에 서울말을 가르치기로 했던 것이다. 이들이 부산(동래)에 내려와 처음 만났던 한국어교사의 이름도 알려져 있지 않은데, 베어드가 땅을 사려고 한다는 사실을 이 한국어교사가 말하는 바람에 토지 구입에 실패하였다. 외국인에게 팔려 하지 않았기 때문이다.

윌리엄 베어드가 1892년 5월 18일에 한국어교사 서상륜과 함께 경남지방 선교여행을 떠나며 한국어를 배우고 주민들과 대화를 나누며 실습했지만, 애니 베어드는 함께 가지 않았다. 서상륜의 병이 악화되어 윌리엄 베어드가 "편지를 써서 하인 편으로 아내에게 보내 전보를 치게 했다"는 일기 내용을 보면, 애니 베어드는 부산에 떨어져 있었던 듯하다. 서상륜이 5월 15일 부산에 도착했으니, 그에게서는 아마도 사흘 밖에 배우지 못했을 것이다.

윌리엄 베어드의 5월 23일 일기에 "나는 한국어 진도가 참 늦다. … 현재까지 나온 우리가 가진 책들은 초보자가 필요로 하는 배열이나 적합성에 있어서 효과적이지 못하다."고 기록하였다.

---

1 김인수 옮김, 『마포삼열 목사의 선교편지』, 장로회신학대학교출판부, 2000, 80쪽.

한국어 진도가 늦어지는 이유를 교재가 잘못 편집되어 있기 때문이라고 판단한 것이다.

1893년 4월에는 서상륜의 동생인 서경조가 베어드 부부를 돕기 위해 부산에 왔으며, 15일부터 선교여행을 시작하였다. 이 여행에도 애니 베어드는 함께 가지 않아서, 베어드의 일기에는 베어드 혼자 공부하는 기록이 자주 보인다. 선교여행에서 돌아온 6월 4일 일기 제목에 「사랑방에서 사역을 시작하다」는 제목이 보이는데, "어학선생들과 하인들을 제외하고는, 오직 한 사람의 남자가 예배에 참석했다. 어학선생은 서 서방과 고 서방"[2]이라고 했으니, 부부가 별도의 교사를 둔 것이다. 번역본 각주에 서 서방은 서상륜, 고 서방은 소래교회 출신의 고학윤(高學崙)이라고 했으니, 고학윤이 애니 베어드의 교사였을 것이다. 이 사랑방 예배가 지금의 초량교회로 발전하였다.

이 시기에 선교사들은 한국어교사와 함께 선교여행을 다니면서 한국어를 배우고 실습하였다. 마펫은 베어드 부부가 자신의 숙소에 와 있는 동안 게일, 서 씨와 함께 3월부터 의주까지 선교여행을 떠났는데, 서울에 돌아와 5월 21일 엘린우드에게 보낸 편지에서 "그 여행은 어학 공부 면에서도 성공적이었으며, 저는 다시 건강 상태가 좋아졌습니다"[3]라고 보고하였다. 9월 17일에 보낸 편지에서도 "제가 어느 정도 유창하게 말할 수 있게 될 때까지는 봄과

---

2 이상규 옮김, 『윌리엄 베어드의 선교일기』, 숭실대학교 한국기독교박물관, 2-13, 53쪽.

3 같은 책, 94쪽.

가을마다 시골에서 몇 달씩 지내려고 합니다."[4]라고 하였다.

마펫은 다른 선교사들에게도 한국어 배우기에는 많은 시간을 교육과 실습에 전념할 수 있는 선교여행이 가장 좋은 방법이라고 추천했을 것이다. 그러나 베어드는 선교여행에 아내를 데리고 다니지 않았는데, 한국에서 시골을 여행하려면 숙박이나 음식, 교통 등 모든 것이 불편했기 때문이다. 9월 25일 서울로 올라갈 때에도 베어드는 아내를 이틀 전에 증기선으로 먼저 보내고, 자신은 말을 타고 나중에 떠났다. 물론 서경조 대신에 한국어교사가 된 안 씨와 함께 말을 타고 가면서 한국어를 실습하였다. 베어드 부부의 한국어교사들은 한국어를 가르쳤을 뿐만 아니라 선교 책자도 팔고, 베어드가 쓴 『천로지귀(天路指歸)』의 교정도 도우며 문서선교에 참여했다.

교수법을 몰랐던 한국어교사의 단점을 보완하다

이 당시 한국에 거주하는 서양 선교사들이 전문적인 한국어교사를 만나는 일은 기대하기 어려웠다. 조사(助事)들 가운데 한국어 학습을 도와주는 이들이 있었지만, 이들은 가르치는 일에 훈련되어 있지 않았다. 베어드보다 앞서 1885년에 한국에 들어온 스크랜턴 여사는 그의 회고담에서 그 당시 선교사들이 한국어 학습에 얼마나 고심하였는지를 이렇게 기록했다.

---

4 같은 책, 99쪽.

말을 빨리 배울 도리가 도무지 없었다. 책도 없고 선생다운 선생
도 없고, 통역이라고는 간단한 단어밖에 알지 못하는 사람들이었
다. 명사 어휘는 그런대로 배워 사용할 수 있었지만 동사는 손짓
발짓으로 시늉을 해야 겨우 알아들었으니, 정말 우습다기보다는 땀
을 빼는 일이었다.[5]

에비슨은 1893년 6월 16일 부산에 도착하여 베어드 부부의 집에
얹혀살았는데, 얼마 지나지 않아서 애니 베어드가 한국어를 배워
야 한다며 한국어교사를 소개하였다.

얼마 지나지 않아 베어드 부인이, 내가 한국어 선생과 함께 시간
을 보내야 한다고 권하였다. 베어드 씨는 내가 그의 선생이며 조사
(helper)인 고 씨를 이용해도 괜찮다고 하였다. … 우리는 8월 말까
지 베어드의 집에 머물렀다.[6]

애니 베어드가 소개한 한국어교사는 서상륜의 후배인 소래교회
출신의 고학윤(高學崙)이다. 고학윤은 영어를 모르고, 교수법을 배
운 적도 없는 한국어교사였다. 그에게서 배울 수 있는 것은 한국어
발음뿐이었다. 에비슨은 애니 베어드에게서 얻은 방법을 이용하여
한국어 학습방법을 터득하던 시절을 이렇게 기록하였다.

---

5 M. F. Scranton, "Woman's Work in Korea", KRP, Jan. 1896, pp.2-3. (대한성서
   공회사, 1권, 192쪽 재인용)
6 리처드 베어드 지음, 김인수 옮김, 『배위량 박사의 한국 선교』, 쿰란출판사, 2004,
   52쪽.

나는 한국말을 전혀 모르고 고 씨는 전혀 영어를 몰랐다. 어떻게 시작해야 할 것인가? 베어드 부인은 나에게 "한국말 한마디를 가르쳐 주면서 시작해 보라"고 하였다. 그것은 바로 "이것은 무엇입니까?"라는 말이었다. 나는 책상 위의 책 한 권을 들고 물었다. 그랬더니 고씨는 "그것은 책이오"라고 대답했다. 그래서 나는 'book'이란 단어가 '책이오'인가 보다 생각했다. 계속 배워 감에 따라 모든 낱말이 '이오'로 끝난다는 것을 알게 되었다. 나중에야 베어드 부인은 'book'이란 단어는 '책'이고 '이오'는 동사로서 'is'라고 설명해주었다. 이렇게 해서 나는 그 복잡한 한국말을 배우기 시작한 것이다.[7]

한국어를 한마디도 못하는 서양인과 영어를 한마디도 못하는 한국인이 서로에게 배움을 주고받는 일은 여간 어렵지 않았다. 게다가 언어교수법에 훈련되지 않은 한국인 교사에게서 체계적인 언어 학습을 기대하기란 더욱 어려웠다. 애니 베어드가 예를 든 문장은 최근까지 중학교 1학년 영어책 첫 장에 나오던 "This is a book."인데, 그나마 주어와 동사, 명사 관계를 설명해주지 않아 "책이오"라는 한 문장을 '책'이라는 명사로 받아들이는 웃지 못할 상황이 일어났다. 교재와 교수법이 개발되지 않았던 상황에서 대부분의 선교사들이 이런 상황을 체험했을 것이다.

애니 베어드는 스스로 만든 방법에 의해 한국어를 빨리 터득하고 나서 *Fifty Helps: for the Beginner in the Use of the Korean Language*(이하 *Fifty Helps*)라는 책을 써서 학습자가 스스로 한국인 교사에게

---

7   A. D. Clark, 『Avison of Korean, 에비슨전기』, 연세대학교출판부, 1979, 237쪽. (대한성서공회사, 1권, 192쪽)

체계적으로 질문하는 방법을 제시였다. 그리고 교사의 답변을 통하여 학습자 스스로 한국어의 문법체계를 습득해 나가라고 조언하였다. 이 책은 문법서라기보다는, 한국인 교사를 어떻게 활용하여야 효과적인 학습이 이루어지는지에 대해 설명한 지침서이다. 애니 베어드의 이같이 친절한 안내가 불모지와 같았던 그 당시의 한국어학습 환경에서 금과옥조로 학습자들에게 다가왔을 것이다.

문형을 정해 주고 반복 연습하는 교재를 만들다

애니 베어드는 서문에서 이 책의 저술 의도를 밝히고, 한국어 학습자가 갖추어야 할 사전 및 문법서를 소개하면서, 이 책이 처음 한국어를 배우고자 하는 입문자용 교재라는 사실을 밝혔다. 초판(1896)에서는 이 책보다 앞서 출간된 영국성공회 선교부 소속 Scott의 문법서 'A Corean Mannual or Phrase book'(1887)과 『영한사전』(1891), 그리고 북장로회 선교부 소속의 언더우드가 쓴 『한영문법』(1890)과 『한영ㅈ전』(1890) 등을 구비하라고 추천하였다.

언더우드는 사전과 문법서를 따로 출판하여, 학습자들이 두 책을 함께 가지고 자기 나름대로 학습법을 개발하여 배우도록 했는데, 애니 베어드가 쓴 Fifty Helps는 한 권으로 단어를 배운 뒤에 문형(文型)을 연습하여 여러 문장으로 활용하게 하였다. 이러한 Pattern Drill은 지금까지도 회화공부의 전형이다.

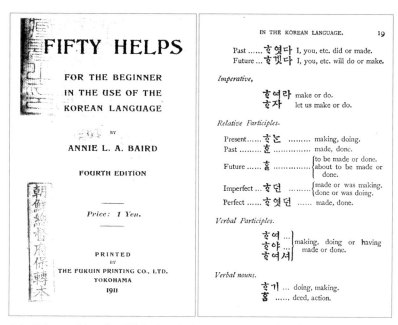

Fifty Helps 1911년 4판(조선총독부 보전본)의 속표지와 동사 '하다'의 활용

애니 베어드는 한국에 들어온 지 6년째인 1896년에 *Fifty Helps* 의 초판(64쪽)을 서울 삼문출판사에서 사륙판으로 간행하였다. 4판 (100쪽)은 1911년 일본 요코하마 후쿠인출판사에서 출간되었고, 저 자가 세상을 떠난 1916년에 출간된 6판본은 이화여대 도서관에 소장되어 있다.

초판에서 6판에 이르기까지 책의 외적 구성은 거의 동일하다. B6(4×6판)의 소책자 크기를 유지하면서 초판에서 64쪽이던 면수 가 4판에서는 100쪽으로, 6판에서는 114쪽으로 늘어났다. 앞에서 한국어의 자음과 모음, 한국어교사에 대해 알아두어야 할 일, 기 본적인 어휘를 품사별로 소개하였다. 중간에서 동사 활용형을 표제어로 삼아 목록화하고, 이를 문법적 체계에 따라 연습 활용하게 하였다. 부록으로 한국어 습득과 문화적 적응에 도움이 되는 참고사항들을 수록하였다.

3판까지는 본문에서 제시된 동사 활용형 표제어가 42개이다. 4판부터 동사 50개로 늘어나, 책 제목에서 밝힌 50개를 채웠다. 6판에도 동사 활용형을 더 보충하였지만, 본문의 활용형은 50개로 고정하고, 따로 〈Additional〉이라는 소제목 아래에 활용형을 보충하였다. *Fifty Helps*라는 제목으로 책이 널리 사용되는 상황에서 동사 활용형을 책 제목에 맞도록 50개에 고정시키려 애쓴 것이다.

한국어교사를 활용하는 법

그는 올바른 발음을 익히기 위해서는 책을 통해서가 아니라 한국인 교사와 꾸준히 연습하라고 강조하였다. 으/의, 의/와 같은 모음이나 격음과 경음 자음을 예로 들면서 "외국인은 모두 어려워하는 발음이니 학습 도중에 좌절하지 말라"고 세심하게 충고하였다.

그리고 한국인 교사를 어떻게 불러야 하는지와 적절한 인사말을 제시하였다. 수업 진행에 필요한 발화와 문법체계를 꿰뚫을 수 있는 질문들을 소개하여, 학습자들이 교사를 활용할 수 있도록 도왔다. 한국인 교사와 학습자의 나이 차이가 크지 않으면 '김 서방', '고 서방', '정 서방' 등으로 부르고, 교사가 연장이면 '선생'으로 부르며, 한국인 교사가 직함이 있으면 '홍 사과', '서 초시' 등으로

부르도록 하였다. 체면을 세워준 것이다

한국인 교사의 대답을 유도하는 질문에는 지시대명사와 지시부사를 많이 사용하도록 '이/이것; 그/그것; 이러케/그러케' 등을 소개하였다. 그리고 한국인들에게는 '시제'나 '존대등급'이라는 용어가 통용되지 않으니 한국인 교사에게 문법적인 용어를 직접적으로 사용하지 말 것을 당부하였다. 이처럼 한국어 학습과정에 일어날 수 있는 다양한 문화적 조언을 수록하였다.

50가지의 문법 항목은 크게 연결형 항목과 종결형 항목, 그리고 화용법 항목의 세 분류로 구분된다. 이중 연결형이 20개이고 종결형은 22개, 그리고 화용법 항목이 8개이다. 연결형과 종결형은 동사 'ᄒ다'를 이용하였다. 화용법 항목은 관형절 문형, 존재의미와 소유의미의 혼용, 비교구문, 동의하기, 부탁하기, 사과하기, 인칭대명사와 호칭어의 쓰임 등을 다루었다.

이 책의 문법 설명은 이전에 나와 있던 문법서와 크게 구별되는 특징이 있다. 먼저 문법항목 단위의 특징을 들 수 있다. 이 책의 서문에서 참고 문법서로 소개했던 스콧과 언더우드의 문법서에서는 문법 설명이 어휘 단위로 이루어진 것에 반해, 이 책의 문법 단위는 표현 문형을 이루는 문장 단위로 이루어진 것이다.

그리고 이 책의 또 다른 특징은 각 문법 항목에 대해서 일차적인 설명과 예문 제시에서 그치던 기존 문법서와는 달리, 각 항목의 문법 설명이 단계성을 가지고 순차적이고 반복적으로 제시되어 학습자가 자연스럽게 단계적인 연습에 몰입할 수 있도록 구성한 점이다.

가장 오랫동안 사용된 한국어 교재 *Fifty Helps*

32세에 간호사로 전라도에 파견되어 고아와 나환자들을 보살폈던 활동한 독일 선교사 서서평(엘리자베스 요한나 쉐핑, 1880~1934)은 편지에서 한국어를 처음 배우던 기억을 이렇게 전달하였다.

> 당시에 저는 한국어를 배우는 3년차 초보 선교사였습니다. 2년까지는 주로 초학언문을 배우면서 평양 선교부의 베어드 부인이 쓴 '50가지 도움'이라는 책의 전반부를 배워야 했습니다.
> 그리고 한자어도 기본적으로 2백 자를 읽거나 쓸 줄 알아야 했습니다. 『천로지귀』를 마치면서 하오, 한다, 하느냐, 하였다, 하겠다 하겠느냐, 하자, 합세다, 하소서, 이오, 이냐, 있소, 있다. 합니다. 합니까, 이을세다. 하고 하니까, 하면, 할지라도 하니, 하여, 함, 한, 하는, 하나, 하여도 등등 접속사나 관용어를 선별해서 수도 없이 익혀야 하는 고통이 뒤따랐습니다.[8]

선교사들은 3년 동안 한국어를 배우고 시험에 합격해야 투표권을 얻었는데, 한국어 학습과정은 현재 1891년, 1901년, 1911년의 세 가지가 확인된다. 1891년에는 당연히 언더우드의 『한영문법』과 스콧의 『언문말책』중심이었는데, 1901년 학습과정 1년차에 *Fifty Helps*가 추가되고, 1911년에는 베어드의 『천로지귀(天路指歸)』읽기가 1년차 3학기에 추가되었다. 서서평이 괴로워했던 한자 2백 자와 '하다 동사의 종결어미와 연결어미 숙달하기'도 1년차 3학기

---

8 양국주 편저, 『그대 행복한가요?』 Serving the People, 2016, 126쪽.

과정이다.[9] 서서평이 2년차의 '동사 종결어미와 연결어미 숙달을 위해 주의 깊게 공부하기(ᄒᆞ지오, ᄒᆞ네, ᄒᆞᄂᆞ니라, ᄒᆞ리다, ᄒᆞ도다, ᄒᆞ노라, ᄒᆞ러…)'를 언급하지 않은 것은 '하다' 동사 하나만 가지고도 지겹도록 문형 연습을 했기 때문일 것이다.

박새암의 조사에 의하면 1945년까지 한국에 파견된 기독교 선교사는 모두 1,526명인데, 1907년 평양 대부흥운동을 계기로 기독교인과 선교사 숫자가 팽창하면서 북장로회에서 1908년에 새로 파견한 선교사만 해도 22명이었다. 애니 베어드는 *Fifty Helps*를 가지고 선교사들을 가르치면서 문제점을 계속 수정 보완하고 출판사를 달리하여 수정판을 거듭 간행하였으므로, 서서평이 배운 교재는 1911년에 간행된 4판이었다. 이 책이 한국어학습 교재로서 선교사를 비롯한 서양인들에게 널리 그리고 60년 동안이나 사용되었던 이유는 몇 가지 특징 때문이다.

첫째, 손쉽게 접근할 수 있다. 이 책의 문법 항목의 수가 그 이전에 나온 문법서보다 상대적으로 적다. 초급 수준에 필요한 문법항목 50개만 간추려 학습자의 부담감을 완화시켰다.

둘째, 교수법을 배운 한국어교사가 없던 시절에 학습자 주도형의 학습법을 적용했다. 이전 문법서는 어휘 요소에서 시작하였지만, 이 책은 문장 층위인 표현 문형에서 시작하는 하향식 접근법을 적용하였다. 하향식 접근법은 학습자의 선험적인 세상 지식에 기대어 문맥적 의미 파악이 이루어지므로, 교사에 대한 의존성이 상

---

9 박새암, 「개신교 선교사 한국어교육의 형성과 전개에 대한 사적 연구」, 한성대학교 대학원 한국어문학과 박사학위논문, 2018, 66-72쪽.

대적으로 낮아진다. 문맥 의미로 제시된 문형(文型) 중심으로, 학습자 스스로 어휘 교체 연습과 문법 변형 연습과 확장 연습을 하도록 되어 있다. 그리고는 학습자가 만들어낸 문장들이 제대로 되었는지를 한국인 교사에게 반드시 확인받을 것을 당부하였다. 전체적인 문맥 상황의 의미를 파악한 학습자가 연습과정을 통해 하나의 문장을 만들어내면, 교사는 모국어 화자로서 선교사가 만든 문장을 확인하고 수정해주었다. 학습자의 인지적 능력을 강조하는 현대 언어교수법에서 교사가 임시적 도움을 주는 스캐폴딩적 역할로 머물 때 학습자의 유창성에 도움이 된다[10]는 방법과 같다.

셋째, 의미장을 활용하여 초급 학습자용 어휘 목록을 간추려 주었다.

넷째, 연습과 생산의 과정이 포함되었다. 당시의 기존 문법서는 문법 설명과 예문 제시에 지나지 않아서 학습자가 일방향적으로 수용해야 했으나, 이 책에는 학습자가 문법 체계에 따라 주도적으로 연습하고 문장을 생산하는 과정이 포함되어 있다.

마지막으로 언어 습득 발달에 문화 소통의 중요성을 강조하였다. 당시 선교사의 문화와 한국 문화 사이에 존재하는 격차를 정확히 인지하고, 문화적 소통 방식에 대해 자세히 언급하였다. 호칭어와 존대법의 사용 문제, 인사말의 쓰임, 남녀유별 문화에 대한 행동 양식을 자세히 조언하며, 언어 학습에서 문화적 소통이

---

10 Donato, R. (1994), "Collective scaffolding in second language learning." In J. P. Lantolf & G. Appel (eds.), *Vygotskian approaches to second language research*. Norwood, NJ: Ablex pp.33-56.

얼마나 중요한지를 강조했다

1910년에 대한제국이 국권을 늑탈당하며 조선총독부가 들어서자, 선교사들도 일본어를 배워야 할 필요가 생겼다. 그러자 1914년에 George H. Winn이 *Fifty helps for the beginner in the use of the japanese language being an adaptation of Mrs. Baird's fifty helps*라는 책을 출판하였다. 애니 베어드의 *Fifty helps* 방식대로 일본어를 배우는 책인데, 한국어를 이미 배운 선교사들이 일본 글자를 쓰지 않고 영어로 배우는 일본어 회화책이다. 애니 베어드의 한국어 교수법이 가장 효율적임이 다시 한번 입증된 셈이다.

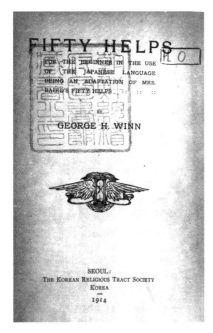

윈 선교사가 베어드의 한국어 교수
법을 활용해 만든 일본어회화 교재

찬송가 가사를 자연스러운 한국어로 짓고 번역하다

한동안 교회에서 많이 부르던 찬송 「멀리 멀리 갔더니」와 「나는 갈 길 모르니」의 작사자가 애니 베어드이다. 지금도 『새찬송가』 387장과 375장을 펼치면 작사자 이름이 '배위량 부인'으로 적혀 있다. 「멀리 멀리 갔더니」는 「Far, far I have wandered」를 번역한 것이지만, 원문보다 더 심금을 울리는 가사가 되어 창작처럼 여겨진다.

1880년대에 선교사들이 처음 찬송가를 편집할 때에는 언더우드의 번역이 가장 많았지만, 장로교와 감리교가 합동으로 편찬한 『찬숑가』(1908)에는 애니 베어드의 번역과 창작이 56편이나 실려 가장 많았다. 애니 베어드가 편집위원으로 참여했기에 자신이 번역이나 창작이 더 많아졌다고 볼 수도 있지만, 그가 영어와 한국어의 율격 차이를 인식하고 서양 곡조에 맞춰서 한국어로 번역했기 때문에 다른 편집위원들에게도 그 가치를 인정받은 것이다.

언더우드는 서양 곡조에 한글 번역을 맞추는 과정에 맞출 수 있는 음절의 수가 한정이 되어있고, 한국어 자음은 고하청탁이 있어 이를 번역하는 데 어려움이 많다[11]고 고백하였다. 그러나 애니 베어드는 이러한 영어와 한국어 율격의 차이를 인식하고, 찬송가 가사를 번역할 때에 가사의 율격과 곡조의 율격을 맞추면 된다는 사실을 알아내었다. 그리고 한국어 리듬에서는 강약격(trochaic)이나 악센트가 있는 음절로 시작하는 것이 약강격(iambic)이나 악센

---

11 언더우드 『찬양가』 서문, 1894.

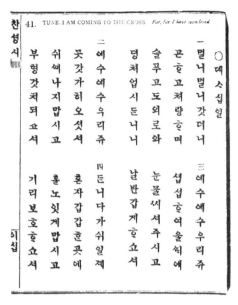

가장 널리 알려진 애니 베어드의 찬송시
"멀리 멀리 갔더니"

트가 없는 음절로 시작하는 것보다 훨씬 쉽다는 사실을 알아내고,[12] 교인들이 부르기 쉽게 번역하였다.

두 사람의 번역 가사를 비교해보면 그 차이가 한눈에 들어온다.

예수나를사랑하오
성경말씀일세
어린아해임자요
예수가피로삿네

---

12 Annie, L. A. Baird, "The Coming Song Book," The Korea Mission Field 10/3 (1914), p.80.

예수날사랑하오 예수날사랑하오 예수날사랑하오

성경말슴일세   –『찬양가』1894 언더우드 번역

예수사랑하심은

거룩하신말일세

어린거시약하나

예수권세만토다

날사랑하심 날사랑하심 날사랑하심

성경에쓰셨네   –『찬셩시』1898 애니 베어드 번역

　이 찬송은 주일학교 예배시간에 가장 많이 불리어 나이든 교인
들도 가사를 기억하는데, 『새찬송가』563장에 소개된 작사자는
A. B. Warner(1860)이다. 언더우드와 애니 베어드가 비슷한 시기
에 이 찬송가를 번역했는데, 애니 베어드는 W. B. Bradbury(1862)
의 작곡을 살려 일곱 개의 음표에 맞게 7음보 4구로 정확하고도
쉽게 번역하였다. 어린아이들도 이해하기 쉬웠다. 애니 베어드는
후렴도 5음보를 세 번 반복하게 번역했는데, 언더우드는 7음보로
번역했기 때문에 어린아이들이 곡조에 맞춰 부르기 힘들었다. 찬
송가가 통합될 때에는 당연히 애니 베어드의 번역 가사가 실렸으
며, 현재『통일찬송가』(1983)에 언더우드의 가사는 1편만 남게 되
었지만 애니 베어드의 가사는 40편이나 남아 있다. 『새찬송가』에
도 두세 번째 구절 "거룩하신말일세 어린거시약하나"만 "성경에
서 배웠네 우리들은 약하나"로 고쳐졌을 뿐, 120년이 넘어도 자연
스러운 문장으로 살아남은 것이다.

닉외가 군결이
미우 기드령눈디
알고 크게 울더라
어딕 잇눈뇨 네가
죽음아 네가 힘업스며
우리샹홍느니 주어 익엄을
감샤홍느니 우리 쥬
니러나셔 눈물 크게 쓰고
보리라 한느니라
령혼이 련당으로 드러가나라
녀여 슬허 울며 동닉 여러
자셰히 말흐니 엿던 사룸은
사룸 또 잇셔 경대의게 말흐티
알면 묘챗다 흐고 서로

처럼 말홀디라 영진에 경대
날에 크피 흘니고 경대
씸이 나지 아니 흐니 졀명
간은 목소래로 흐눈 말이
죽음아 죄의 권셰눈 률법
이라 하느님씌 익이눈 거시
우리 쥬 예수 그리스도의게
흐엿더니 이윽호여 갑쟈이
누어 셰샹을 리별호고
그 말을 맛츠매 곳
부쳐가 싯별의 일을
셩대의게 싯별의 경우 흉호 일을
우기 만 흐되 그 즁에 소모눈눈
잇더니 그 경대눈 자셰히
리별의

구쥬 도라가신 쌔이
나의 죄룰 졋시니
나그 일홈 의지홈남
쥬룰 쳐다 봄니다
아바지여 샤유호서서
나룰 품어 줍시고
기리 사랑홈심으로
신식 흐니 줍쇼셔

一 아바지여 이 죄인의
옴운 욕심 만 못 흐니
아득님의 인휴으로
구원호여 줍쇼셔
아다지지 멀리 간기
발서 오래 되엿고
갑 힘써서 곤호 삽다
다시 도라옵다

二 진에 흘든 힛진 입운
쳔룡홀게 업다 여서
검손호게 업디여서
심새 흐니 줍쇼셔

三 구쥬 도라가신 쌔이
나의 죄룰 졋시니
나그 일홈 의지홈남
쥬룰 쳐다 봄니다
아바지여 샤유호서서
나룰 품어 줍시고
기리 사랑홈심으로

홀제 그 남편이 우연이 셔울노
열너 둧 살 쯤 된 어린아가
서로 인스호고 김씨가 흐눈
디답호눈디 우리 이제
학당에 무엇단다 이제
서울 사룸이 말깍케 시골
흐니 김씨가 말호니 학당에
이오닛가 계집은 흐니
뒤로 흐눈눈 말도 저 우히
붓그러운 말도 디답호여
되지 안코 흐눈디가 아니오
셰운 학당이라 흐니 김씨가
학당에 단녓단
무어시요 거긔셔 우리 조선
비리고 외국 사신 위홍눈거시나
흐고 또그 ㅇ히룰 더 조셰히
보아 눈이 좀 어둔거슬

셔울노 브터 나려오눈디 젼에 보지 못
가 쌔라 오더라 경닉 너외가 반갑게
김씨가 눈되 말이 이 ㅇ히눈 누구냐거
이제 란리가 나나 나라 일이 어지러워셔
판호니가 내가 다리고 느려왓노라
두원됫단 말솜이 엿다홀신 말솜
단녀던 어딕 계겟눈닛가 경닉가
대한 학당이 잇눈 우리 대한 사룸의
경대가 대한 풍속 외국 사룸의
풍속을 흉보눈것과 우리 ㅇ히눈 흐ㄴ
흐니 웬 말이 ㅇ외국 사룸의게 비홀
말이 ㅇ히룰 다 조셰히 보아 눈이 좀

애니 베어드가 쓴 소설 『샛별전』(1905)에 실린 이 찬송시는 「아버지여 이 죄인을」의 옛 번역인데, 『새찬송가』 276장에는 R. Palmer(1864) 작사로 되어 있다.

동물학 식물학 교재를 처음 번역하며 한국어 이름을 정리하다

애니 베어드는 1900년에는 식물학, 천문학, 화학, 물리학, 지리학을 가르쳤고 1901년에는 지리학과 수학을, 1904년에는 천문학, 식물학, 화학, 미술, 작문을 가르쳤다. 근대식 학교의 교재는 대한제국에서 편찬한 몇 가지와 세브란스의학교에서 편찬한 책들이 있었지만, 식물학이나 동물학 책은 없었다.

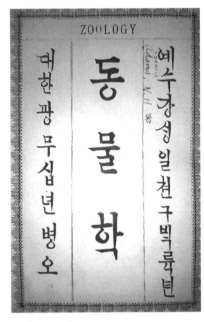

『동물학』 속표지

『식물학』 판권

애니 베어드는 미국의 개론적인 책들을 한국어로 번역하여 교재로 사용하였다. 『동물학』(1906), 『식물도셜』(1908), 『식물학』(1913) 등의 교재들은 한국에서 이 분야 최초의 단행본들이다. 자연과학 책이지만 『식물도셜』 서문 첫줄에 "마태복음 륙장 이십팔졀노 구졀까지 보니 들에 백합꼿치 엇더케 자르는가 생각ᄒ여 보아라"라는 문장으로 시작하였듯이, 창조설에 바탕하여 동물과 식물을 가르치기 위한 번역이다.

이 책에는 수많은 동물과 식물의 이름이 영어와 한글로 소개되었는데, 한글 이름은 숭실학교 졸업생들이 도와주었다. 『식물도셜』을 예로 들면 "국문에 닉숙ᄒ지 못흔거슨 특별히 평양중학교 졸업생 챠리셕씨의게 만히 교졍홈을 밧아시니 매우 감샤홉네다 안애니"라고 사사 표기를 하였다. 숭실학교를 졸업한 차리석은 뒤에 임시정부 독립신문 편집국장을 거쳐 국문위원으로 활동하였다. 서울과 경상도에서 한국어를 처음 배웟던 애니 베어드는 평양 사투리에 익숙하여, 자연스럽게 "감샤홉네다"라고 인사하였다. 한국에서 일본 학자들보다 먼저 동물학과 식물학 책을 내면서 수많은 동식물들의 우리말 이름이 처음 한글로 기록되거나 새로 번역된 것도 한국어를 사랑한 애니 베어드의 특별한 업적이다.

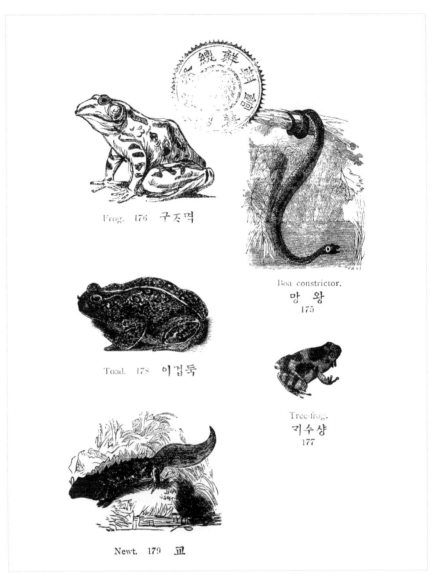

Frog. 176 구즈먹

Boa constrictor.
망 왕
175

Toad. 178 이겁둑

Tree-frog.
긔수샹
177

Newt. 179 묘

『동물학』에 실린 동물 그림에 한글 이름이 실렸는데, 두꺼비는 지금도 불리지만, 개구리를 평안도·황해도에서 부르던 말 멱자구는 들어볼 수 없게 되었다.

8

스크랜턴 모자에게 한국어를 가르쳤던
박영효와 박승면

다른 선교사들과는 달리, 스크랜턴 모자는 수준 높은 지식인 박영효에게 한국어를 처음 배웠다. 윌리엄 스크랜턴은 한국어 습득 속도가 빨라서 몇 년 만에 선교책자를 한국어로 번역 출판하여 사용하고, 한국어로 설교하였으며, 다른 선교사의 설교를 한국어로 통역할 수 있었다. 메리 스크랜턴이 한국어를 제대로 하기 전부터 선교책자를 한국어로 번역 출판한 배경에는 이름이 제대로 밝혀지지 않았던 한국어교사 박승면이 있었다.

선교 윤허를 받아낸 김옥균의 일본 망명과 성서 교열

윌리엄 스크랜턴(William B. Scranton, 1856-1922)은 1878년 예일 대학을 졸업하고 뉴욕의과대학으로 진학하였다. 뉴헤이븐에서 감리회 해외여선교회 임원이었던 메리 스크랜턴은 아들을 따라 뉴욕에 와서도 해외여선교회 활동에 열심이었다. 의대를 졸업한 윌리엄 스크랜턴은 1882년 클리블랜드에서 개업하고 클리블랜드 제일교회에 출석했다.

이즈음 물밑에서 교섭되던 미국 교회의 한국 선교는 매클레이 선교사가 서울에 와 있던 1884년 7월 4일 고종에게 승인받았다. 미국공사관 통역관이었던 윤치호가 이날 일기에 "새벽에 예궐하여 미국 상회에 내해운항(內海運航)을 허가할 것, 미국인에게 병원 및 학교의 설립을 허가할 것, 전신 설치를 허가할 것 등을 아뢰었다."[1] 고 기록하였다. 전날인 7월 3일 일기에 "이날 김고우(金古愚, 김옥균) 가 미국공사를 내방하다"고 기록한 것을 보면 외교 업무를 맡은 교섭통상사무아문 협판 김옥균이 이미 1882-83년 도쿄에서 매클레이를 만났던 적이 있었으므로 쉽게 윤허를 받은 듯하다. 이 소식은 *The Gospel in All Lands* 1884년 10월호를 통해 미국 전역에 알려졌다. 갑신정변이 12월에 일어났다가 실패하여 김옥균을 비롯한 개화파가 일본으로 망명했으니, 선교 교섭이 몇 달만 늦어졌더라도 고종의 선교 윤허가 훨씬 더 늦어졌을 것이다.

1884년 여름 장티푸스에 걸렸다가 완쾌된 윌리엄 스크랜턴이 이 소식을 듣고 한국 선교를 자원했으며, 1884년 10월, 한국에 파송되는 첫 번째 선교사로 인준받았다. 그는 신학교육을 받지 않았지만, 선교사 지원자에게 안수할 수 있다는 미국 감리회 장정

---

1 송병기 역, 『국역 윤치호 일기 1』, 연세대학교출판부, 2004, 144쪽.

에 따라 단번에 목사 안수를 받았다. 이미 쉰이 넘은 어머니 메리 스크랜턴도 해외여선교회로부터 한국 선교사로 파송받았다.

스크랜턴 가족은 아펜젤러 부부와 함께 1885년 2월 27일 일본 요코하마에 도착하였다. 그 사이 한국에서는 갑신정변이 일어났다가 실패하여, 고종의 선교 윤허를 받아낸 김옥균이 동료들과 함께 도쿄에 망명 와 있었고, 스크랜턴 가족이 한국에 들어가려면 정세가 호전되기를 기다려야 했다. 스크랜턴은 그동안 한국어를 배우고 있다고 선교부에 알렸다.

> 지난 12월 정변으로 쫓겨난 정부관리 네 명도 지금 요코하마에 와 있습니다. 그중 한 명이 매일 아침 우리에게 와서 한국어를 가르쳐 주고 있는데, 그 보답으로 우리는 오후에 그에게 영어를 가르쳐 주고 있습니다. 이런 식으로 우리는 온 하루를 효율적으로 쓰고 있습니다. 이들 망명객들과 도쿄에 와 있는 외교관들은 적대적이라 서로 미워하고 있지만, 선교사가 한국에 나가 병원 사역을 할 수 있겠느냐는 우리 질문에 대해 어느 쪽 사람이든 매클레이 박사의 방한 이후 그 가능성은 언제나 열려 있다고 대답합니다.[2]

나중에 서울에 도착한 선교사들은 월급을 정하고 한국어교사를 고용했지만, 도쿄에서 이들은 언어교환 형식으로 한국어와 영어를 서로 가르쳤다. 부마 신분이었던 박영효는 돈을 벌기 위해 일할 필요가 없었을 뿐만 아니라, 미국으로 가기 위해 영어를 배울 필요

---

2 CA(New York), Apr. 9. 1885, 이덕주, 『스크랜턴』, 공옥출판사, 2015, 112쪽 재인용. 스크랜턴이 한국에 오기까지의 과정도 이 책의 내용을 필요에 따라 정리하였다.

도쿄에서 스크랜턴 모자를 만나던 시절의 박영효, 서광범, 서재필, 김옥균(왼쪽부터)

가 있었다. 이들의 만남을 주선한 미국성서공회 일본지부 총무 루미스는 네 사람 가운데 박영효, 서광범, 서재필이 미국에 간 뒤에 김옥균이 혼자 남아서 이수정 번역본 『마가복음』을 교정한 사실을 6월 17일 본부에 보고하였다.

이수정이 번역한 마가복음을 기초로 김옥균이 개정을 완료한 사실을 말하게 되어 기쁩니다. 제가 아는 한 김옥균은 누구보다도 유능한 한국인입니다. 제 생각에 그의 봉사는 큰 가치가 있을 것입니다. … 금명간 김옥균이 본국으로 돌아갈 전망은 희박하므로 필요하면 그의 손을 더 빌릴 생각입니다. 그의 번역이 만족스럽다고 판단되면 그를 완전히 고용하도록 결정하겠습니다. 주된 반대 요인은

아직 그가 [기독교인이] 아니라는 사실입니다.[3]

김옥균만 홀로 도쿄에 남은 데다가 조국으로 돌아갈 전망도 전혀 없었으므로, 루미스는 그를 전임 성서 번역인으로 채용하고 싶어 하였다. 만주에 파견된 로스는 기독교인이 아닌 사람들도 한국어 교사로 채용하고 성서 번역도 맡겼지만, 루미스는 김옥균이 기독 교인이 아니라는 점 때문에 이러한 생각을 추진하지 못했다. 김옥 균이 성서 번역을 마무리했더라면 생경한 이수정 번역본보다 훨씬 유려하고 수준 높은 문장의 성서를 볼 수 있었을 것이다.

예절과 인내심이 남다른 한국어교사 박영효

갑신정변 이후 상황이 불안했으므로 윌리엄 스크랜턴 혼자 요 코하마에서 출발하여 1885년 5월 3일 제물포에 도착하였다. 의료 선교사 윌리엄 스크랜턴은 알렌의 광혜원 일을 도우면서 한국어 를 계속 공부하였다. 알렌이 살던 집은 북장로회 소유였으므로, 윌리엄 스크랜턴은 건너편 언덕의 백 간짜리 한옥을 정동 거주민 김씨에게서 구입하였다. 북장로교 세 번째 선교사인 의사 헤론이 한국에 오자, 윌리엄 스크랜턴은 정동 집으로 찾아오는 환자들을 돌보기 시작했다. 이 집에 뒷날 정동제일교회가 세워졌다.[4]

---

3 옥성득·이만열 편역, 『대한성서공회사 자료집 제1권 – 로스 서신과 루미스 서신』,
   대한성서공회, 2004, 360쪽.

로스가 상인들로부터 평안도 사투리를 배웠던 것과는 달리 스크랜턴 모자는 당대 최고 지식인으로부터 한국어를 배웠으므로 사투리가 아닌 교양어를 배웠는데, 메리 스크랜턴은 일본에서 박영효에게 한국어를 배우고 미국 해외여선교회 본부에 이렇게 보고하였다.

　　내 어학교사 박영효가 어떤 인물인지 알게 되면 여러분은 놀라실 것입니다. 그는 망명객 중의 한 사람인데 최고위층 인사입니다. 그는 훌륭한 어학교사이며 예절과 인내심이 남다른 인물입니다. 우리는 그뿐만 아니라 다른 망명객들과도 친하게 지내고 있습니다. 우리는 그들을 모두 만나보았는데, 하나같이 총명하며 지적입니다. 나는 이들이 다시 권력을 잡게 되기를 바랍니다. 언젠가는 그렇게 될 것으로 나는 확신하며 그날이 한국에는 복된 날이 될 것입니다.[5]

대부분의 선교사들은 자신의 한국어교사에게 어떤 점에선가 불만을 느꼈는데, 메리 스크랜턴은 훌륭한 교사라고 극찬하였다. 박영효는 선교사들로부터 왕자(prince)로 불렸지만, 윌리엄 스크랜턴은 정확하게 "박영효, 나이 25세, 최고위층 왕자급, 전 국왕의 딸이자 현재 국왕의 조카딸과 결혼, 1881년 이후 일본 영사…그는 자기 조국의 훌륭한 점을 나에게 가르쳐 주려고 애를 썼"[6]다고 기록하였다. 이들 모자는 교양있는 언어와 예절을 함께 배우는 과정에서

4　이덕주, 앞의 책, 127-130쪽.

5　HWF, Jui, 1885, 10-11쪽. 이덕주, 같은 책, 113-114쪽 재인용.

6　이덕주, 같은 책, 113쪽.

이들의 능력을 인정했으며, 이들이 다시 권력을 잡게 되면 기독교 선교가 활발해질 것이라고 기대하였다.

병원 일을 도와준 한국어교사

정동 집에서 윌리엄 스크랜턴에게 처음 한국어를 가르쳤던 교사는 이름이 남아있지 않은데, 한국어만 가르친 것이 아니라 환자들에게 통역도 해주고, 조수 일까지 맡아 하였다. 병원 문을 열고 한 달이 지난 1886년 7월 16일 보고서에 한국어교사의 활동이 나타난다.

> 나는 병원 출입문에 간판을 만들어 붙이기로 했지만, 어떻게 써야 할지 알 수 없었습니다. 이 문제를 가지고 고민하고 있자니, 내 어학 선생이 자기에게 맡기라면서 나와 상의도 없이 이렇게 적어 왔습니다. 한문과 한글로 '미국인 의사 시약소 American Doctor's Dispensary'라 적은 것을 한쪽 기둥에 걸고 다른 기둥에는 경고문처럼 '남녀노소 누구든지 어떤 병에 걸렸든지 아무 날이나 열 시에 빈 병을 가지고 와서 미국 의사를 만나시오'라고 써 붙였습니다.[7]

만병통치라는 표현은 일제강점기에도 신문광고에 유행하던 구절인데, 한국어교사는 스크랜턴을 무한 신뢰하였기에 이렇게 써붙인 것이다. 유리병이 귀하던 시절이라 환자들은 자신의 약병을

---

7 이덕주, 같은 책, 155쪽.

계속 가지고 다녀야 했다. 그 뒤에도 미국인 의료 선교사들이 많아졌지만 '미국인 의사 시약소(施藥所)'라는 명칭은 스크랜턴 병원의 고유명칭이 되다시피 하여, 스크랜턴 병원을 시란돈병원(施蘭敦病院), 시병원(施病院)이라 부르고, 동대문과 서대문에 새로 세운 병원도 동대문시약소, 서대문시약소라고 부르게 되었다. 동대문시약소가 지금의 이화여대병원의 전신이다.

병을 막기 위해 부적을 옷 속에 넣어가지고 다니거나 병이 들면 무당을 불러 굿을 하던 환자들을 스크랜턴이 진료하기 위해 한국어교사는 통역 겸 문화해설사 노릇도 하였는데, 이러한 인습과 싸우며 선교하기 위해 스크랜턴은 한국어 공부를 열심히 하였다. 환자를 설득하려면 통역이 아니라 의사 자신의 말로 설득하는 것이 효과적이었기 때문이다. 밀려드는 환자들을 진료하기에도 시간이 모자란다면서 한국어 배우기를 불평하는 선교사도 있었지만, 스크랜턴 모자는 한국어를 적극적으로 배웠기에 다양한 선교책자를 번역 출판할 수 있었다.

선교책자 번역을 도와준 박승면

이들 모자가 한국에 온 지 몇 년 만에 한국어 번역서를 출판할 수 있었던 배경에는 그들을 도와주었던 한국어교사가 있었다. 메리 스크랜턴은 한국 여성들에게 복음을 전할 전도부인을 양성하려는 계획을 세웠지만, 당장 자신이 그들에게 한국어로 가르칠 수가 없었다. 그래서 여성들에게 가르칠 교사가 필요했다.

　　이들 부인들을 가르칠 교사를 얻는 게 상당히 어려운 문제였습니다. 그래서 새로운 계획을 짰습니다. 우리 남성 매서인 중 한 사람에게 나 대신 이들을 가르쳐 달라고 요청하였는데, 물론 그가 그런 일을 하도록 부인들이 허락한다는 전제하에 추진하였습니다. 부인들은 직접 대면하지 않는다는 조건으로 허락했습니다. 그래서 지금은 부인들이 방 안에 들어와 좌정할 때까지 그 매서인은 방문 밖에서 기다리게 합니다. 그리고 나서 부인들이 앉아 있는 자리와 매서인 사이에 휘장을 쳐서 부인들이 바라는 격리상황을 그대로 유지하면서도 마치 보는 앞에서 말하듯 목소리를 들을 수 있도록 하였습니다.[8]

　메리 스크랜턴은 아직 한국어로 가르치거나 설교하기 어려웠으므로, 당연히 선교문서를 번역하기도 어려웠을 것이다. 그의 주변에는 매서인들이 여러 명 있었는데, 그 가운데 한 남성이 전도부인 후보자들을 가르쳤다. 시병원 일을 도와주던 한국어교사도 매서인 출신이었을 가능성이 크다.

　전도부인 후보자들에게 가르칠 교재와 이들이 가지고 나가서 배포할 전도문서들이 필요했으므로, 기존의 전도문서를 사용할 뿐만 아니라 메리 스크랜턴 자신이 새로 번역하여 출판하기도 하였다. 여성들에게 읽힐 책이라면 당연히 조선시대에 '암클'이라고 천대받았던 국문으로 번역해야 제격이었다.

8　ARWFMS 1888, 47쪽. 이덕주, 앞의 책, 213쪽 재인용.

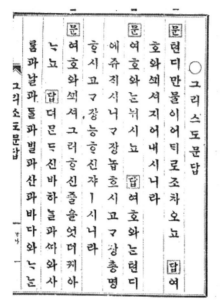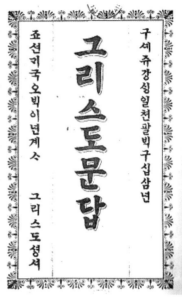

스크랜턴 번역의 『그리스도문답』

1890년 초까지는 로스가 만주에서 번역한 신약전서뿐만 아니라 『예수성교문답』도 국내에 들어와 읽히고 있었으며, 로스가 의주 상인에게 준 한문본 『훈아진언(訓兒眞言)』도 상인의 아들 백홍준이 가지고 들어와 지식인들 사이에 유통되며 읽혀졌다. 로스 번역의 『예수성교문답』(1881년)은 첫 줄이 "텬디 만물이 어드래 잇너뇨"라는 평안도 사투리로 번역되었는데, 스크랜턴 번역본(1893년)에서는 "텬디 만물이 어디로 조차 오뇨"라는 서울말로 바뀌었다(필자 띄어쓰기). 이 책은 초신자들의 세례문답 교재로 널리 읽히며 여러 차례 수정판을 냈다.

메리 스크랜턴이 출판한 선교문서 가운데 폭 넓게 읽혔던 책은

1891년에 출판한 『훈ᄋ진언』이다. 『한국민족문화대백과사전』을 비롯한 여러 문헌에 1893년 출판으로 되어 있지만, 1891년 판본이 프랑스 동양언어문화학교에 소장되어 있다.

1891년 초판본 『훈ᄋ진언』.
(동양언어문화학교 소장)

영어로 써진 선교문서 가운데 중국에서 먼저 번역된 책들이 한국에서도 많이 번역되었다. 선교사들은 영어본에서 직접 번역하는 것이 더 편했지만, 한국어교사를 비롯한 번역 보조자들이 중역본을 번역하는 것이 편했을 뿐만 아니라, 많은 용어들이 이미 동양 문화에 적응하여 번역되었기 때문에 받아들이기도 수월했다.

메리 스크랜턴이 번역한 것으로 알려진 『훈ᄋ진언』도 영어본이 아니라 중역본을 다시 번역한 것인데, 파벨 리 모티머(Favell Lee Mortimer, 1802-1878)가 어린이들의 기독교 교재로 삽화를 편집하여 출판했던 *The Peep of Day*(1833)를 중국에 와 있던 샐리 홈즈(Sally Holmes)가 중문으로 번역 출판했었다. 만주에 갔던 아버지가 로스에게서 받아왔던 중역본 『훈아진언(訓兒眞言)』을 읽고 백홍준이 세례 받았을 뿐만 아니라, 1882년 중역본이 배재학당역사박물관에, 최병헌이 읽었던 1882년 중역본이 연세대학교 학술정보원 탁사문고에 소장되어 있으니, 지식인들 사이에서는 이미 중역본이 널리 읽혀지고 있었음을 알 수 있다. 중역본에는 23점의 삽화가

중국인 공동번역자의 이름도 함께 밝힌
중역본 『훈아진언(訓兒眞言)』

실려 있었지만, 국역본에는 삽화가 삭제되었다.

중역본 『훈아진언(訓兒眞言)』의 본문 첫 줄에 역자를 "美國花撒剌口譯, 蓬萊周文源筆述"이라고 밝혔는데, "미국인 화살라이(샐리)가 불러주면 봉래인 쩌우웬유안(周文源)이 받아 적었다"는 뜻이다. 중역본에는 영어 번역자와 중국어 공동번역자의 이름이 함께 적혀 있는데, 국역본에는 표지나 판권 어디에도 번역자 이름이 없다.

이고은은 메리 스크랜턴이 1889년 선교보고서에서 한문 번역자와 필사자를 요청한 사실, 『훈ᄋ진언』이 영어본이 아니라 중역본을 원본으로 삼아 재번역되었다는 사실을 들어서, "스크랜턴 여사가 번역자라고 주장하기는 어렵다"고 단정하였다.[9] 메리 스크랜턴이 병이 심해서 1891년 초부터 1년 반 동안 안식년을 얻어 미국에 다녀왔으므로, 메리 스크랜턴 혼자서 번역 출판할 수는 없었다.

그러나 메리 스크랜턴이 이 책의 번역 출판을 주관한 것은 분명하여, 이화학당 교사 로드와일러도 1891년 연차보고서에서 "스크랜턴 부인이 *Peep of Day*를 출판하고자 준비했고, 그 책은 지금 인쇄 중입니다."[10]라고 기록하였다. 그렇다면 여러 사전이나 문법서 출판에 한국어교사들이 일정 부분 참여했더라도 번역 및 출판을 주관했던 선교사 이름만 저자나 역자로 판권에 기록된 것처럼, 참여도의 차이는 있겠지만 스크랜턴을 번역자의 이름에서 전적으로 삭제할 수는 없다. 윌리엄 스크랜턴이 1900년에 상동교회를 짓기 시작하면서 머릿돌에 『훈ᄋ진언』을 넣을 정도로, 이 책은 스크랜턴 모자에게 뜻깊은 책이었다. 한국어교사 이창직을 『연경좌담』 속표지에 공저자로, 『유몽천자』 속표지에 교열자로 밝혀준 게일 선교사가 오히려 예외적인 존재이다

이덕주의 역저 『스크랜턴』에서 "이 책은 1865년 중국 상해에서 간행되었던 아동용 교리 문답서 『訓兒眞言』(1865년)을 어학선생의

9 이고은, 「19세기 한중 개신교 전도문서의 번역자와 번역태도 비교; 『훈아진언(訓兒眞言)』(1865)과 『훈ᄋ진언』(1891)」, 『번역학연구』 제18권 5호, 2017, 150–152쪽.
10 이고은, 같은 글, 151쪽.

도움을 받아 한글로 번역"[11]했다고 밝혔지만, 한국어교사의 이름을 밝히지는 않았다. 이 책에는 물론, 스크랜턴의 기록 어디에도 박영효 외에는 한국어교사의 이름이 밝혀져 있지 않기 때문이다. 스크랜턴의 한국어교사 이름은 아펜젤러의 일기에서만 찾아볼 수 있는데, 1888년 1월 13일에 스크랜턴 의사의 개인교사인 박승면과 배재학교 학생 문세익에게 세례를 베풀었다[12]고 기록하였다.

훈ᄋᆞ진언

대열쟝하ᄂᆞᆫ님이사름의신톄ᄅᆞᆯ문둔강론

ᄋᆞ희들아ᄂᆡ멋귀졀말이잇ᄉᆞ니너희ᄂᆞᆫ됴화드르라ᄂᆡ더

ᄂᆞᆫ틀보ᄂᆞᆫ뇨ᄒᆞ니너희가문드라하ᄂᆞᆯ우희잇ᄂᆡ게ᄒᆞ엿ᄂᆞᆫ뇨하

더희로ᄒᆞ여곰공즁에잇서혼드러ᄂᆞ러오지안케ᄒᆞᄂᆞᆫ뇨능히ᄒᆞ지못ᄒᆞ노라뉘가

님이시니라하ᄂᆞᆫ님이어ᄂᆞ곳에게시뇨려우희에비ᄒᆞᄅᆞᆫ능히잡겟ᄂᆞ뇨능히못ᄒᆞ노라뉘가

당이엿더ᄒᆞ곳이뇨런당이ᄒᆞᄂᆞᆫ에비ᄒᆞᆯ만모양물건을문드샤흥샹보호ᄒᆞ시라

보시ᄂᆞ뇨능히보시ᄂᆞ니라하ᄂᆞᆫ님이쳐음에일만모양물건을문드샤흥샹보호ᄒᆞ시

ᄂᆞᆷ능히하ᄂᆞ님을보시ᄂᆞ니라하ᄂᆞᆫ님이너희ᄋᆞ히ᄅᆞ문드샤흥샹보호ᄒᆞ시고

건을다보시ᄂᆞ니라하ᄂᆞᆫ님이처음에일만모양물건을문드샤흥샹보호ᄒᆞ시고하ᄂᆞᆫ님이니

홍샹보호ᄒᆞ시고하ᄂᆞᆫ님이녀희ᄋᆞ히틀문드샤흥샹보호ᄒᆞ시

"ᄋᆞ희들아"로 시작하는 제1장 첫 줄

시기적으로 본다면 시병원에 만병통치 광고를 써붙인 한국인 교사도 박승면이었을 것이고, 1891년에 『훈ᄋᆞ진언』을 출판하도록 도와준 한국어교사도 아마 박승면이었을 것이다. 박승면은 아내의 친구 이경숙을 메리 스크랜턴에게 소개하여 수양딸이 되고 이화학당 언문교사가 되게 길을 열어주기도 하였다.

아동용 교재이기에 제1장 첫 줄이 "ᄋᆞ희들아"로 시작되는데, 제

---

11 이덕주, 앞의 책, 232쪽.
12 이만열, 『아펜젤러: 한국에 온 첫 선교사』, 연세대학교출판부, 1985, 317쪽.

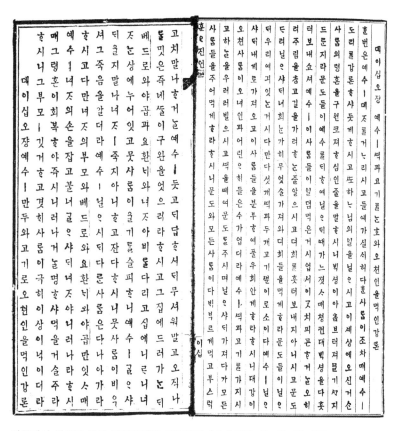

만두에서 떡으로 바뀐 1891년판과 1894년판 『훈ᄋ진언』의 제25장 제목

25장 제목을 예로 들면 1891년판에는 "만두와 고기로 오천 인을 먹인 강론"이 1894년판에는 "떡과 고기를 나누어 오천 인을 먹인 강론"으로 한국 실정에 맞게 고쳐졌다.

『훈ᄋ진언』은 1894년에 재판을 찍을 정도로 수요가 많았는데, 선교문서로 쓰였을 뿐만 아니라 이화학당이나 보구여관 등의 교재였기 때문이기도 하다. 이화학당의 1904년 교과과정을 보면 '국어'

과목을 1학년에서는 한글 복음서로, 2학년에서는 『훈ᄋ진언』으로, 3학년에서는 『내훈(內訓)』으로 각각 5시수씩 가르쳤다.[13]

---

13 이화100년사편찬위원회, 『이화100년사』, 이화여자대학교출판부, 1994, 72쪽.

9

화이팅[1] 선교사에게 한국어를 가르치고
한글운동을 펼쳤던 이승만

어머니에게서 천자문을 배우다

이승만(李承晚, 1875-1965)은 황해도 평산에서 선비 이경선(李敬善)의 6대 독자로 태어났다. 양녕대군의 15대손이라고 했지만, 이경선은 왕실이나 벼슬에서 멀어진데다가 재산도 없이 여기저기 돌아다니기를 즐기는 몰락 양반이었다. 어머니 김 씨가 아들에게 "너의 아버지는 여자나 도박에는 흥미가 없었지만 친구와 술을 위해서는 있는 대로 모두 내놓았다"[2]고 푸념한 것도 그 때문이다.

---

1 화이팅의 이름을 휘팅으로 표기한 책들이 많이 보이는데, 이승만이 그의 이름을 한자로 화이등(花伊滕)이라고 표기했기 때문에 한글로는 화이팅이라고 표기하는 것이 원음에 더 가깝다고 생각된다.

2 이정식 지음, 권기붕 옮김, 「청년 이승만 자서전」, 『이승만의 청년시절』, 동아일보사, 2002, 248쪽.

그는 두 살 때에 부모를 따라 서울로 이사 와서 염동(鹽洞)에 살다가 도동(桃洞)으로 이사하였다. 남산 우수현(雩守峴) 자락이었기에, 나중에 호를 우남(雩南)이라고 하였다. 전직 대신 이건하가 세운 낙동서당에 들어가 『천자문』과 『동몽선습』을 배웠는데, 실제적인 스승은 어머니였다. 미국에서 독립운동을 하는 동안 틈틈이 적어 놓은 자서전에 "나의 어머니는 나더러 『천자문』을 외게 하였다. 『천자문』 독본에는 그야말로 1천 자의 글이 실려 있다. 나는 여섯 살 때에 『천자문』을 모두 외었는데, 그것을 축하하기 위해 우리 집에서는 동네 사람들을 모두 불러다가 큰 잔치를 베풀었다. 그때 나의 부모님이 얼마나 자랑스러워하였는지 모른다"[3]고 회고하였다.

19세부터는 양녕대군의 봉사손인 이근수 대감이 세운 도동서당에 입학하여 사서삼경과 당송(唐宋) 시문(詩文)을 배우면서 과거시험 공부를 하였다. 13세 때부터 해마다 과거시험에 응시했지만 번번이 떨어졌다. 그러다가 갑오개혁(1894)을 계기로 과거시험이 폐지되고 새로운 방식으로 관리를 선발하게 되자 한문 공부를 과감하게 그만 두고 신학문에 도전하였다. 조선의 종주국으로 행세하던 청나라가 일본에게 패배하는 것을 보면서 세상이 크게 바뀐 것을 깨달은 것이다.

의정부(議政府)가 폐지되고 군국기무처(軍國機務處)가 생기면서 신학문을 배운 청년들이 관직을 얻기 쉬워졌는데, 마침 아펜젤러가 배재학당을 설립하자 1895년 4월에 서당 친구 신긍우의 권유

---

3 같은 책, 252-253쪽.

이승만이 한자를 배우던 도동서당

에 따라 입학하였다. 아들의 과거급제와 입신양명을 기대하던 부친이 과거제도 폐지에 낙담하여 황해도 딸네 집으로 떠나자, 이승만이 새로운 돌파구를 신학문에서 찾았던 것이다. 이승만은 이미 결혼하고 아들까지 태어나 큰 집안 살림을 책임져야 했는데, 영어 위주로 가르치던 배재학당의 졸업생들은 새 정부에 취직이 거의 보장되어 있었다.

은화 20원씩 월급을 받고 화이팅에게 한국어를 가르치다

그는 자서전에서 서양 학문을 가르치는 배재학당에 입학한 사연을 이렇게 설명하였다. "청일전쟁(1894~1895)이 끝난 후에 과거제도가 폐지되었고 정부는 젊은이들에게 외국어와 서양문화를 배울 것을 장려하였다. 나는 어머니 몰래 배재학당에 가기로 하였다. 당시 선교사들에 대해 허황한 풍설이 많았다. 그들의 눈과 피부색. 노블(Noble) 의사가 나에게 영어 알파벳을 가르쳐 주었다."

부모 몰래 입학하였지만, 제중원에 근무하는 미국 장로교 여성 의료선교사 화이팅의 한국어교사가 되어 첫 월급을 받게 되자 어머니에게 입학한 사정을 털어놓게 되었다.

"화이팅(Georgiana Whiting) 의사가 선교사로 새로 왔는데 내가 그의 첫 한국말 교사가 되었다. 나의 첫 월급은 은전(銀錢)으로 20원이었는데 [그 돈이 하도 많아서] 나의 모친은 겁에 질릴 정도로 놀라셨다. 당시 부친은 늘 타지방을 방랑하였고 집에 계시지 않았다. 나는 배재학당에서 영어교사로 채용되었다. 영어공부를 시작한 것이 6개월 밖에 되지 않았는데 영어선생이 되었다고 하여 사람들의 칭찬이 자자했다."

이승만이 받아온 한국어교사 월급은 쌀 열다섯 말 값이었는데, 남편이 벌어온 돈을 받아보지 못했던 김 씨가 깜짝 놀랄 정도로 큰 금액이었다. 조지아나 화이팅(Georgiana E. Whiting)은 제중원 의사였는데, 이승만은 영어를 연습하기 위해 일부러 제중원에 찾아가서 가르쳤다. 다른 학생들보다 더 많이 영어회화 연습을 할 수 있었으므로 입학한 지 6개월 만에 영어교사(tutor)도 된 것이다.

광복 이후에 이승만으로부터 두 달 남짓 그의 생애에 대한 회고담을 듣고 『우남 이승만전』을 간행한 시인 서정주는 이승만의 한국어 교육을 이렇게 서술하였다.

조지아나 화이팅과 그의 여동생. 이승만의 친필 설명이 보인다.

　"승만에겐 처음 이 외국인 여자를 상대하기가 여간 어색하고 난처한 일이 아니었다. 비록 상대는 이미 사십에 가까운 중년부인이요, 또 털빛이 다른 남의 나라 사람이긴 하였으나, 아직껏 남녀칠세부동석(男女七歲不同席)의 윤리와 교양 밖에는 가지지 못한 그에게 있어 여자를 딴 방에서 호젓이 대한다는 것이 첫째로 어색한 일이요, 또 둘째로는 배재학당에서 몇 달쯤 배운 영어로는 말이 잘 통하지 않아, 늘 손짓과 몸짓으로 설명을 하기가 여간한 괴로움이 아니었다. … 처음 얼마 동안은 승만을 얕잡아보는 듯한 눈치가 보이던 화이팅 부인도 드디어는 그의 너무나 지나치게 경건하고 준엄한 태도와 투철한 재능에 감동하여 그를 존경하게끔 되었고, 승만에게도 또 마침내는 이 외국 여자의 눈에 선 관습과 노린내 등이 아무렇지도 않은 것이 되어버리고, 그의 좋은 점만이 골고루 눈에 띄기 시작하였다."[4]

서정주는 화이팅이 '이미 사십에 가까운 중년부인'이라고 기록했지만, 화이팅은 아직 결혼하지 않은 이십대 젊은 여성이었다. 그러니 '화이팅 부인'이라는 표현도 틀린 셈이다.

후일 이승만의 비서를 지낸 올리버 박사가 수집한 문서에 의하면, 화이팅은 이승만과 그 가족에게 깊은 관심을 기울이고 그들을 보살피려 했다. 그녀는 1895년 5월 20일에 이승만의 부친에게 편지를 띄워 자기는 이승만의 가족을 위해 무엇인가 해주고 싶다는 의사를 표명하였고, 또 그의 자부(子婦, 즉 이승만의 처)의 건강이 호전되었다는 소식을 반겼다. 그녀는 또 병신년(1896) (음)7월 25일 이승만의 모친상(母親喪) 때 '花伊滕'이라는 한문 명의로 부의금 250냥을 기부한 일이 있다.[5]

춘생문 사건이 실패한 뒤 화이팅 덕분에 피신하다

배재학당에 입학한 이승만은 신학문을 배우겠다는 의지를 다짐하기 위해 상투를 잘랐다. 그는 자서전에서 "아비슨 의사(Dr. O.

4 서정주, 『우남 이승만전』, 화산문화기획, 1995, 112쪽.
5 유영익 저, 『젊은 날의 이승만』, 연세대학교출판부, 2002, 168–169쪽.

R. Avison)가 나의 상투를 잘라주었는데 나는 그 후 얼마동안 어머니 곁에 가지를 못했었다."고 하였다. 배재학당에 입학한 뒤에 미국 선교사들이 그의 생활에 이모저모로 관련되었는데, 그 가운데 중요한 사건은 명성왕후의 복수를 하고 황제를 구출하겠다는 춘생문 사건이다.

춘생문은 경복궁 북동쪽, 지금의 청와대 춘추관 부근에 있던 후원의 출입문인데, 동쪽은 봄을 뜻하기 때문에 "봄에 만물이 생동한다"는 뜻으로 춘생문(春生門)이라 하였다. 1895년 10월에 일본인들이 명성황후를 시해하는 을미사변이 일어나자 다음 달인 11월 28일에 정동(貞洞) 외국 공사관 일대에서 활동하던 친미, 친러파들이 고종을 미국 공사관으로 피신시키고 정권을 바꾸려는 계획을 세웠다. 미국인에게 교육받았던 시위대 군인들이 건춘문을 통해 경복궁으로 들어가려다 실패하자, 삼청동 쪽에서 춘생문으로 들어가려 하였다. 그러나 안에서 문을 열어주려던 사람이 변심하여 군부대신 서리 어윤중에게 알리면서 계획이 실패하였다.

배재학당 학생이던 이승만은 춘생문 사건에 직접 관련이 없었지만, 자서전에서 이렇게 회고하였다.

"이충구(李忠求)가 민비(閔妃)의 원수를 갚고 황제를 구출하겠다고 하여 운동을 벌였는데, 그의 계획은 실패하였다. 이충구는 체포되어 고문을 당하였다. 우리 집의 종 복례가 나에게 달려와서 이충구가 체포되었다는 것을 알려주어 나는 급히 [황해도] 평산으로 피했다. 약 3개월 후에 돌아왔더니 황제는 아관(俄館, 러시아 공관)으로 피했고 [친일]정부는 밀려나버렸다."[6]

시인 서정주는 『우남 이승만전』에서 이 사건을 제중원 제이콥슨 선교사의 한국어교사였던 이충구와 이승만의 관계로 정리하였다. 춘생문 사건을 준비하던 이충구가 이승만에게 가족을 부탁한 뒤에 실패하여 체포되자, 이승만에게도 화가 미쳤다.

> 승만은 제중원에서 화이팅 부인을 가르치는 그의 일과를 계속하고 있는데, 뜻밖에도 그의 집 하녀 복녀가 울면서 쫓아 들어왔다. 놀라서 일어선 화이팅 부인에겐 거리낌도 없이 그는 승만을 향해 떨리는 울음소리로 말하였다.
>
> "서방님 큰일 났어요. 아까 윤창렬 씨가 서방님을 집으로 찾아왔는데, 그 뒤를 따라서 순검들이 셋이나 쫓아 들어오며 윤선생의 손을 붙들어 잡고 '당신이 이승만 씨요?' 하지 않겠어요? 아니라고 하니 윤 선생은 놓아주고 방으로 들어와서 샅샅이 뒤지고 있어요! … 그러니 서방님! 집엔 가시지 말고 어디 숨으세요. 네?" …
>
> 이튿날 이른 새벽, 그는 화이팅 부인의 수고를 빌려 머리에 붕대를 감은 여자 환자로 가장하고 가마에 몸을 실은 뒤에 남문 밖을 나와 양화진으로 갔다. … 그는 여기서 꼭 하루를 지낸 뒤에 다시 이곳을 떠나서 황해도 평산에 있는 누님 집을 찾아갔다.[7]

석 달 뒤에 화이팅 부인이 평산으로 사람을 보내, "이충구 씨는 사형을 면하게 되어 서북의 섬으로 귀양 가고, 다른 사람들에게는 별다른 화가 없을 듯하니 그만 상경하라"고 연락하였다. 그가 상경

---

6 이정식 지음, 권기붕 옮김, 같은 책, 254–255쪽.
7 서정주, 앞의 책, 122–124쪽.

한 뒤에 정국이 다시 바뀌어 고종은 러시아공사관으로 옮겨갔으
며, 이충구는 서울로 돌아와 경무사(警務使)가 되었다.

순국문으로 여러 신문에 논설을 쓰다

서재필이 미국에서 돌아와 배재학당에서 가르치면서 1896년 4월
7일에 『독립신문』을 발간했는데, 예부터 내려오는 관보를 제하면
민간신문으로는 한국에서 처음으로 있는 일이었다. 독립정신을 일
반 국민들에게 널리 전하기 위해 순국문으로 간행하였는데, 배재
학당에서 가르치던 세계지리, 역사, 정치학, 특히 민주주의라는 개
념들이 이 신문을 통해 국민들 사이에 퍼지기 시작하였다.

서재필은 배재학당 학생들에게 민주주의를 연습시키기 위해 1896
년 11월에 토론 위주의 학생회인 협성회(協成會)를 조직케 하였는
데, 이승만은 협성회의 서기를 거쳐 회장직을 맡았다. 1898년 1월
1일에 협성회 초대 회장인 양홍묵과 함께 주간지 『협성회회보』를
역시 순국문으로 창간하고, 주필이 되어 논설을 쓰며 최초의 신체
시인 「고목가」를 게재하였다.

이 주간지는 학생 수준을 뛰어넘어, 정부에서도 이들의 비판을
의식할 정도로 영향력이 커졌다. 이승만은 자신이 새로운 신문을
계속 창간하게 된 경위를 이렇게 설명하였다.

『협성회회보』에 실린 국문시가 이승만의 「고목가」

"나는 배재학당에서 다른 학생들과 『협성회회보』를 시작하였고 그 주필이 되었다. 조그마한 학생들의 신문이 정부 고관들을 비판하게 되자 곧 세상 사람들의 관심을 끌었다. 그래서 아펜젤러 교장은 우리들한테 사설을 검열받으라고 했다. 그렇지 않으면 학교의 신문으로는 발간할 수 없다 하였다. 독립정신이 강한 유영석과 나는 학교를 나와서 한국 최초의 일간지를 내기 시작하였다. 사람들은 우리더러 외국의 보호를 받지 않고 그런 신문을 발간하면 위험하다고 했지만, 『매일신문』은 아주 호평을 받게 되어 서재필 박사는 우리 신문 때문에 자기의 신문(독립신문)을 팔 수 없다고까지 하게 되었다."[8]

최준은『한국신문사』에서 "『매일신문』은 비록 그 수명은 짧았으나 그 논조의 혁신적인 점과 일간신문 시대를 가져온 점 등의 큰 역할을 하였다"고 평가하였다.[9]『매일신문』의 사장은 양홍묵, 기재원(기자)은 이승만과 최정식, 회계는 유영석이었는데, 관계자들이 독립협회사건으로 검거되는 바람에 1년도 못 가서 폐간되었다.

이승만은 다시 이종일과 함께 순국문으로『뎨국신문』을 간행하였는데, 부녀자들과 서민을 대상으로 기획한 이 신문도 1910년 8월 경술국치조약이 조인되기 직전까지『황성신문』과 쌍벽을 이루면서 민중계몽에 앞장섰다. 이승만은『뎨국신문』주필로 1년 2개월간 논설을 집필하였으며, 만민공동회 사건(1899년)으로 한성감옥에 투옥된 뒤에도 2년 2개월간 순국문 논설을 기고하여 독자의 폭을 넓혔다.

감옥에서 한국인 최초로 영한사전을 집필하다

이승만은 만민공동회 사건으로 한성감옥에 투옥된 뒤에도 하나씩 새로운 일을 펼쳤는데, 그가 5년 7개월의 수감생활을 마치고 석방된 직후인 1904년 8월 9일에 그를 방문한 윤치호는 그의 옥중생활을 자신의 일기에 이렇게 기록하였다.

---

9 최준,『한국신문사』, 일조각, 1960, 80쪽.

(오후) 4시에 6년 가까이 감옥생활을 하다가 어제 석방된 이승만을 찾아가 보았다. 그는 놀랄 만한 청년이다. 감옥에 있는 동안 영어 실력을 너무나 잘 향상시킨 결과 그는 (이제) 영어로 말하고 아주 멋진 기사를 쓸 수 있다. 그는 (옥중에서) 학교를 개설하여 꽤 많은 죄수들을 가르쳤다. 그는 선교사들의 도움을 받아 도서실을 설립하였다.[10]

윤치호는 당시에 이미 미국 에모리대학에 유학하여 학위를 받고 귀국한 감리교 지도자였으므로 이승만이 감옥에서 영어 실력을 갈고 닦은 사실부터 놀라서 기록했지만, 옥중에서 학교를 개설하여 죄수들을 가르치고, 도서실을 설립하여 대출장부까지 만든 것도 우리나라 최초로 기록될 만한 사건들이다.

이승만이 옥중에서 『신학월보』 1903년 5월호에 기고한 「옥중전도」에 한국어 교육하는 모습이 보인다.

다행히 본서장 김영선(金英善) 씨와 간수장 이중진(李重鎭)·박진영(朴鎭英) 양씨가 도임한 이후로 옥정(獄政)도 차차 변하여 진보한 것이 많거니와, 총명한 아이들을 교육할 일로 종종 의논하다가 작년 음력 9월에 비로소 각 칸에 있는 아이 수십 명을 불러다가 한 칸을 치우고 '가갸거겨'를 써서 읽히니, 혹 웃기도 하고 혹 흉도 보고 혹 책망하는 자도 있는지라.

그가 한성감옥에 설치한 옥중학당은 일반 서당과 달리 아이들

10 유영익, 『젊은 날의 이승만』, 연세대학교출판부, 2002, 27쪽 재인용.

에게 한국어의 기초인 '가갸거겨'부터 가르쳤다. 한편으로는 화이팅 선교사에게 한국어를 가르칠 때에 필요성을 느낀 영한사전(英韓辭典)도 집필하기 시작하였다. 1903년 4월 20일 옥중학당 교실에서 신영한사전 편찬작업을 시작했으니, 감옥은 그에게 학교이자 연구실이었다.

선교사이자 한국어교사였던 애니 베어드는 배재학당 안에 설립된 삼문출판사를 통해 한국어 교재를 편찬했다. 같은 시기에 배재학당에서 수학하던 이승만은 선교사들의 사전 편찬과 문법서 저술, 신문 간행을 가까이에서 보면서 정작 한국인이 저술한 사전이 하나도 없고 문법이나 철자법에 대해 참조할 만한 서적조차 없다는 사실을 통감하였다.

이후 만민공동회 활동에 연루된 혐의로 한성감옥에 투옥되자, 이승만은 아이들을 가르치는 틈틈이 옥중 번역작업에 몰두하였다. 영한사전을 편찬할 최적의 시간으로 이용한 것이다. 신학문에 대한 교육과 자국어인 국문의 올바른 사용을 문명국으로 가는 필수불가결의 조건으로 인식한 그는 영한사전 편찬이야말로 신학문을 수용하기 위해 필요한 어휘를 배울 수 있을 뿐 아니라, 영어 의미를 한글로 풀이하는 과정에서 철자법이나 문장 작법을 제대로 실현시킬 수 있다고 판단한 것이다.

그는 한성감옥 안에서 양기탁(양의종)을 만나는데, 그는 부친 양시영과 함께 게일 선교사의 한영사전(1897) 편찬을 도왔던 사람이다. 그는 그 시기에 드물게 일어와 영어를 잘했던 인물로서, 1904년에는 대한제국 예식원의 번역관보로 임명된다. 이승만은 그 당

이승만이 편찬한 신영한사전

시 서양 선교사들이 편찬한 영어사전과 함께 선교사들이 옥중 안으로 차입해 준 화영사전(和英辭典, Sanseido's College Japanese-English Dictionary)과 웹스터 영어사전을 참조하면서 양기탁의 조력을 얻어 사전 편찬에 착수한 것으로 보인다.

이승만의 신영한사전은 A항에서 F항까지만 진행되고 완성되지는 않았다. 사전 표제어의 선별은 웹스터사전에서 어휘를 선별하여 제시한 것으로 보이는데, A항부터 F항까지의 표제어 수가 8,233개에 달하여 그때까지 출간되었던 영한사전의 표제어 수와는 비교할 수 없을 정도로 많은 표제어를 담으려 한 의도를 엿볼 수 있다. 언더우드 한영사전의 총 표제어수는 4,910개이고, 리델의 한불자전 표제어수도 총 4,637개에 지나지 않는다.

　표제어를 제시하고, 품사 표시를 한 후에 어휘 의미에 대응하는 한자 어휘를 제시하고, 국문으로 의미를 풀이한 방식은 그 당시 서양 선교사들의 사전 뜻풀이 방식과 동일하다. F항까지 집필할 무렵인 1904년 2월 8일에 러일전쟁이 일어났다는 소식을 듣고는, 사전보다 더 급한 책을 써서 독자들에게 알려야겠다는 생각이 사전 집필을 중단하고『독립정신』을 집필하기 시작하여 불과 넉 달 만에 탈고하였다. 옥중에서 집필했던『뎨국신문』논설들을 활용하였기에 시간이 많이 걸리지 않았던 것이다.

　감옥에서 나온 이승만은 미국 유학길에 목포에 들러서 오웬-화이팅 부부 선교사와 다시 만났으며, 하와이에서 한인기숙학교, 한인기독학원 등의 책임을 맡을 때에도 우리 교포의 자제들에게 한국어와 한국역사부터 가르쳤다. 이승만의 독립운동 뒤에는 늘 한국어교육이 깔려 있었다.

남편 오웬 선교사가 과로로 세상을 떠나자 화이팅이 친지들의 모금을 받아
광주에 세운 오웬기념각

이승만이 한국어를 가르치게 했던 하와이 한인기독학원

10

게일에게 한국어를 가르치고
공동 번역자로 활동한 이창직

게일(James S. Gale, 1863-1937)은 캐나다 토론토대학에 재학 중이던 1886년 대학생 여름수양회에 참석했다가 부흥사 무디의 감동적인 설교를 듣고 선교사가 되기로 결심하였다. 1888년에 토론토대학을 졸업하면서 그 대학 YMCA의 후원을 받아 한국에 선교사로 파견되었다. 그는 한국에서 활동한 선교사 가운데 가장 방대한 분량의 한국어, 한국문화에 관해 저술하고 번역했는데, 이렇게 활동할 수 있었던 까닭은 그가 신학교를 졸업한 다른 선교사들과는 달리 문과를 졸업했기 때문이기도 했지만, 이창직(李昌稙, 1866-1938)이라는 훌륭한 한국어교사를 만났기 때문이기도 하다.

게일이 한국어를 빨리 배우기 위해 소래교회로 가다

12월에 부산을 거쳐 서울에 도착한 게일은 황해도 해주를 거쳐 소래로 파견되었는데, 가장 큰 목적은 한국어를 배우기 위해서였다. 언더우드가 1889년 3월 11일 엘린우드 총무에게 보낸 편지에서 게일의 소래행을 확인할 수 있다.

> 우리는 캐나다에서 온 형제들과 선교를 의논하고 있습니다. … 만약에 우리가 연합을 이룰 수 있으면 이는 대단한 진보입니다. … 캐나다 출신의 게일은 내일 황해도로 떠납니다. 그는 그곳에서 진행 중인 우리 사업과 관련하여 일할 것입니다. 전에 말씀드렸듯이 그곳에는 우리의 기독교 마을이 있습니다.[1]

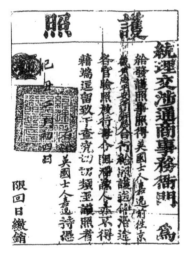

통리교섭통상사무아문에서 1889년 2월 게일에게 발급해준 호조

게일은 1889년 3월 12일에 서울을 떠나 17일 해주에 도착했고, 3월 말에 소래에 가서 안창평의 집에 3개월 머물면서 서경조와 이창직으로부터 한국어와 풍습을 배웠다. 게일은 통리교섭통상사무아문에서 황해도와 평안도를 여행할 수 있도록 허가해준 호조(護照, 비자)를 가지고 서울에서 말을 타고 해주로 떠났다. 호

---

1 이만열, 옥성득 편역, 『언더우드 자료집 I』, 연세대학교출판부, 2005, 149-150쪽.

조 마지막 줄에 게일의 이름이 "영국(英國) 사인(士人) 가일(嘉逸)"이라고 기록되어 있었다.

> 누군가 정직한 사람이라며 해주에서 좀 떨어진 Chang-yon에 사는 안 씨를 소개시켜 주었는데, 나는 먼저 그에게 서신을 띄우고는 친구들에게 작별인사를 한 뒤 말 두 마리에 마부 하나, 포졸 한 명, 시중 들 소년 한 명과 함께 해주로 향했다.[2]

게일은 장연군 소래에서 석 달 동안 영어 한마디 하지 않고 한국어를 배우며 생활했는데, 이때 안창평의 집에서 만난 두 교사에 대하여 뒷날 이렇게 회고하였다.

> 우리 일행 중에는 상당히 개화된 서 씨가 있었는데, 그는 평생을 중국이나 중국 접경에서 보낸 사람이었다.[3]

> 부유하게 태어나 평생 일을 해본 적이 없는 젊은이 하나를 나는 8년간 고용하고 있다. 그 전에 그는 평생 서당에서 한문을 배웠다 나는 그를 서울에서 꽤 떨어진 바닷가의 작은 초가에서 처음 만났는데, 그가 보여준 예의 있는 행동은 내 상상 속에서나 가능했던 것이다. 마음이 완전히 사로잡힌 나는 혹시 함께 가지 않겠느냐 물어봤고, 그는 그러겠다고 했다.[4]

---

2 제임스 S. 게일 지음, 최재형 옮김, 『조선, 그 마지막 10년의 기록』, 책비, 2018, 24쪽.
3 같은 책, 95쪽.
4 같은 책, 322-323쪽.

앞의 사람은 의주 상인 서경조이고, 뒤의 사람이 해주 선비 이창직이다. 이창직은 아내 안재은을 따라 처가가 있는 소래로 들어와 살다가 게일의 한국어교사가 되었다. 게일은 소래에서 서경조와 이창직에게 한국어를 배우다가 의주 상인 출신의 서경조보다는 전형적인 선비 이창직의 인품과 학식이 마음에 들어 서울로 데려왔고, *Korean Sketches*라는 제목의 회고록을 쓸 때까지 8년을 함께 활동했다. 선교사들의 한국어 학습은 3년이 의무연한이었고, 시험에 합격하면 더 이상 한국어를 배울 필요가 없어졌는데, 문과 출신의 게일은 한국어로 번역하여 한국 독자들에게 읽히고 싶은 서양 책이 너무나 많아서 *Korean Sketches*를 집필하던 1897년까지도 이창직을 고용하였다. 처음에는 한국어교사였지만, 그 이후에는 조사, 또는 공동번역자로 고용한 것이다.

석 달 동안 소래에서 이창직에게 한국어를 배운 게일의 한국어 실력은 엄청나게 늘어나서, 곧바로 언더우드의 사전 편찬을 도와줄 정도가 되었다. 이해 봄에 언더우드와 결혼하여 황해도와 평안도로 신혼여행을 떠났다가 돌아온 릴리어스 호튼 언더우드는 남편이 제천정(濟川亭)에서 사전 편찬하는 모습을 이렇게 회상하였다.

그해 여름을 우리는 강가의 높은 벼랑 위에 있는 한 정자에서 보냈다. 이 정자는 임금 것이었으나 두 분 전하께서 그 전해에 우리 선교사들이 쓰도록 해 주었고, 그 은총이 지금까지도 이어지고 있다. … 언제나 산들바람이 불어오고 햇빛이 알맞게 가려지며, 산과 한강을 바라볼 수가 있는 이곳에서 언더우드 씨는 거의 여름 내내 작은 사전을 만드는 일에 매달렸다. 게일 씨나 헐버트 씨가 그때에

매우 많은 도움을 주었다.[5]

1889년 7월 3일 엘린우드 총무에게 보낸 보고서에는 "3. 사전편찬위원회: 언더우드, 게일, 저와 두 명의 한국인 등 다섯 명이 일하고 있습니다."라고 기록되었는데, 번역서의 역주에는 "한 명이 언더우드의 어학선생으로 처음부터 통역해 온 송순용(宋淳容)이다"[6]라고 설명했다. 1890년 일본 요코하마에서 출판된 『한영ᄌᆞ뎐』 표지에는 저자 언더우드의 이름 아래에 "assisted by Homer B. Hulbert, A.B. & James S. Gale, A.B."라고 조력자 게일의 이름을 밝히고, 서문에 자신의 한국어교사 송순용의 이름도 밝혔지만, 아마도 게일의 한국어교사였을 마지막 한국인의 이름이 밝혀지지 않아서 아쉽다.

평생의 동역자 이창직이 게일의 선교지 부산과 원산에 함께 다니다

서울에서 한여름 언더우드의 사전 편찬을 도와주던 게일은 8월에 "어학선생 이창직과 일본인 소년 쿠사바 카츠타로와 동행하여 제물포로 가서 일본 증기선 '히고마루'(Higo Maru)로 부산으로 향했다."[7] 부산에 정착한 첫 번째 장로교 선교사가 된 게일의 1년

---

5 릴리어스 호튼 언더우드 지음, 김철 옮김, 『언더우드 부인의 조선 견문록』, 이숲, 2008, 121–122쪽.

6 이만열·옥성득 편역, 『언더우드 자료집 I』, 연세대학교출판부, 2005, 184쪽.

남짓 부산 행적은 호주 선교사 데이비스의 장례 외에는 알려진 사실이 없는데, 한국어 교육에 전념한 듯하다. 이창직과의 부산 행을 게일은 이렇게 회상하였다.

> 그렇게 우리는 둘 다 처음이었던 부산을 함께 여행했다. 다른 조선 사람들은 내게 나쁜 길로 쉽게 빠질 수 있다며 그와 어울리는 것에 대해 경고했다. 뭐, 어느 정도 맞는 말이긴 했지만, 그러한 단점에도 불구하고 지난 8년 동안 그는 단 한 번도 나를 속이거나 실망시킨 적이 없었다. 나는 위해서라면 그는 언제나 자신의 편안함이나 편리함을 희생하려 했다. 내가 좋은 것을 먹어야 한다며 항상 자신의 밥상에서 자기가 좋아하는 것들을 내게 주곤 했으며, 가지고 있는 얼마 안 되는 귀한 재물도 내게 필요할 것이라 생각하면 뭐든지 주었다. 그는 내 명예를 지켜주기 위해 상처도 많이 받고, 욕도 많이 먹었다. 그리고 8년이란 긴 시간이 지난 지금까지도 그렇게 매사에 신의를 다하고 있다. 나와의 관계 혹은 내 주변과의 관계 측면에서 평가한다면, 그야말로 내 평생 본 중 최고로 흠이 없는 사람이라 할 수 있다.[8]

게일은 부산 도착 이후 누나 제니(Jeni)에게 보낸 편지에서, "부산은 앞으로 나의 집이 될 것이다. … 다른 모든 선교사들은 서울에 밀집해 있지만 내가 서울에 머물러 있어야 할 하등의 이유가 없다."

---

7 「이상규 교수의 부산기독교이야기 13: 게일이 본 데이비스의 마지막 날들」, 『한국기독교신문』, 2017년 8월 7일자 연재기사.

8 제임스 S. 게일 지음, 최재형 옮김, 『조선, 그 마지막 10년의 기록』, 책비, 2018, 323쪽.

1889년에 게일을 따라 부산에 도착한 23세의 이창직·이상규 사진

고까지 했으나 그는 10개월 간 부산에서 일한 뒤에 서울로 돌아갔다. 부산에 주재하고 있던 영국 세관원 존 헌트(John H. Hunt, 河文德)의 딸을 치료하러 1890년 5월에 부산에 온 헤론이 게일에게 서울로 가서 함께 일하자고 제안했기 때문이다. 게일은 헤론의 집에 머물며, 사무엘 마펫이 운영하던 정동의 예수교학당에서 교사로 일했다.

게일이 헤론 가족과 같이 지낸 지 두 달 만에 헤론이 세상을 떠나자, 게일이 헤론의 부인 헤리엇 깁슨(Harriet Gibson)의 연인이 되어 1892년 4월 7일 결혼했다. 이때 게일은 29세였고 부인은 32세였다. 결혼하던 그해 6월 게일 부부는 원산으로 옮겨갔는데, 게일은 엘린우드 총무에게 자신의 결혼 소식과 함께 이창직을 원산으로 데려가야 하는 이유를 설명하였다.

많은 노력 끝에 목단의 로스(Ross) 신약성경 번역이 완성되었지만, 저는 그것을 읽을 수 있는 사람을 아직 만나보지 못했습니다.[9]

원산에 대해 말씀드리기 전에, 제가 시간을 들여 하고 싶은 한국말 공부와 번역 일은 서울에서 사람을 데리고 가야 하기 때문에 경비가 조금 더 들겠지만, 원산에서도 계속할 수 있다는 것을 말씀드리고 싶습니다.[10]

저는 양일에 있는 선교회 건물 바로 옆에 저의 서울 선생이 지낼 수 있는 조그마한 집을 구할 것입니다. … 그렇게 되면 제가 순회 사역으로 부재중일 경우 아내가 어려움을 겪지 않도록 선생이 저희 가정을 보살펴 줄 것입니다.[11]

저는 매일 아침 두 시간 동안 한자 공부를 하고, 공자(孔子)를 천천히 읽고 있습니다. 저는 1년 전에 한자를 배우기 시작했는데, 이제 한자로 된 복음서를 읽을 수 있습니다. … 중국 문자를 모르고서는 구어에 대해 온전히 알기란 불가능하기 때문에, 저는 우리 모두가 중국 문자를 공부해야 한다고 생각합니다.[12]

---

9 김인수 옮김, 『게일 목사의 선교편지』, 쿰란출판사, 2009, 17쪽.
10 같은 책, 31쪽. 1892년 3월 14일에 보낸 편지.
11 같은 책, 33~34쪽.
12 같은 책, 38쪽. 4월 20일에 보낸 편지.

저는 매일 규칙적으로 신약성경의 일부분을 번역하는 것과 아울러, 『천로역정(pilgrim's Progress)』을 번역하고 있습니다. 『천로역정』의 앞 절반부는 이미 서울에 있는 기독교서회(Tract Society)에 넘겼습니다.[13]

게일과 함께 원산으로 이사한 이창직은 당시 26세 청년이었지만, 이미 해주에서 세 딸을 낳은 한 집안의 가장이기도 했는데, 셋째 딸 혜경은 원산에서 학교를 다니기 시작하다가 반평생 고향이 되었다. 이창직은 한국어만 가르친 것이 아니라, 게일이 순회 선교할 때에 게일 부인의 보호자 노릇까지 하였다.

게일은 로스 번역본 성경에 만족할 수 없어 이창직과 함께 새로운 성경을 번역했으며, 『텬로역정(天路歷程)』이나 영한사전도 이창직의 도움을 받아 완성할 수 있었다. 『텬로역정』은 한성감옥에 갇혀있던 관원과 선비들을 개종(改宗)시키는 데에 큰 역할을 하였다. 이들은 뒷날 게일이 목회하는 연동교회 교인이 되었다. 그는 한국 문학의 바탕에 한문(漢文)이 있다는 사실을 인식했기에 해주 선비 이창직을 원산까지 데리고 가서 『논어』를 배웠는데, 이 시절에 한문을 공부했기에 수많은 고소설이나 이규보의 한시를 영어로 번역할 수 있었다.

공동 번역자 이창직의 이름을 분명하게 밝힌 게일

　대부분의 선교사들은 한국어가 복음을 전하기 위한 수단이라고만 생각하여, 한국어교사의 이름을 분명하게 밝히지 않았다. 단순하게 '교사'라고만 하였으며, 이름을 밝히는 경우에도 '서 서방'이나 '이 씨' 등으로 성만 썼다. 그러나 문과 출신의 게일은 한국어교사에 관하여 자세한 기록을 남겼으며, 번역에 참여한 경우에는 자신이 출판한 책 머리말이나 표지, 판권에서 분명하게 이름을 밝혀주었다.

　당시에는 이미 스콧이나 언더우드가 편찬한 영한사전들이 있었는데, 1893년 2월 25일 엘린우드에게 보낸 편지에서 게일은 자신이 새로운 영한사전을 편찬하는 이유를 이렇게 설명하였다.

　　이 사전 편찬은 여기 한국에서는 매우 중차대한 연구 과제인데, 제가 그 일을 맡았습니다. 그것은 제가 다른 사람보다 한국어를 특출나게 잘해서가 아니라, 프랑스인들이 큰 사전 하나를 가지고 있는데, 그것을 활용해서 우리가 원하는 영한(English-Korean) 사전을 준비할 수 있기 때문입니다. …
　　제가 이전에 몇 년 동안 프랑스어를 공부한 적이 있다고 박사님께 말씀드린 적이 있습니다. 제가 프랑스어를 알고 있는 것이 지금 우리가 이 사전 작업을 순조롭게 진행할 수 있도록 하는 데 도움을 주어 저도 무척 기쁩니다.[14]

---

14 같은 책, 57쪽.

이창직은 게일과 함께 일본 요코하마 후쿠인출판사에 가서 1년 넘게 영한사전의 교정을 보고 돌아왔다. 1897년에 게일이 편찬한 한영사전이 출판되자, 4월 24일자 『독닙신문』에 이런 기사가 실렸다.

> 미국 교사 게일 씨가 몇 해를 두고 조선말과 영어 옥편을 만들었는데, 그 옥편이 일전에야 출판이 되어 일본서 박아 서울로 보내었는데, 책 장 수는 일천 삼백여 장인데 조선말 밑에 한문과 영어로 주를 내고 또 책 끝에는 각색 긴요한 일들을 기재하였더라. 이 옥편은 조선에 처음으로 이렇게 좋은 것이 생겼고 이 책 만든 이는 다만 조선 사람에게뿐이 아니라 세계 사람에게 큰 칭찬과 감사한 말을 들어야 마땅한 것이 이 책이 매우 학문 있게 만들었고 긴요하기가 조선 사람에게와 외국 사람에게도 이만큼 긴요한 것이 없고 영어와 한문은 고사하고 조선 사람들이 이 책을 가졌으면 조선말들을 똑똑히 배울 터이요 조선 글자를 어떻게 쓰는지도 알 터이니 어찌 조선에 큰 사업이 아니리오. 조선 사람은 천 년을 살면서 자기 나라 말도 규모 있게 배우지 못하였는데 이 미국 교사가 이 책을 만들었은즉 어찌 고맙지 아니 하리오. 조선 사람은 누구든지 조선말도 배우고 싶고 영어와 한문도 배우고 싶거든 이 책을 사서 첫째 조선 글자들을 어떻게 쓰는지 배우기 바라노라.

1천 3백 장이나 되는 분량도 방대하거니와, 이 사전은 서양인이 한국어를 배우기 위한 한영어사전으로서의 가치를 넘어서 한국인들에게도 자국어의 어법을 제대로 배우고 아울러 영어와 한문까지 배울 수 있는 훌륭한 저서라는 점을 강조하였다.

    1897년판 게일의 『韓英字典한영ᄌ뎐』은 3만 5천 항목으로 프랑스선교사의 성과를 계승하여 알파벳 표음 순으로 항목을 배열하고, 1부 한영(韓英)과 2부 한영(漢英)으로 나누어 구성하였다. 1911년판 『韓英字典한영ᄌ뎐』은 5만 항목으로 늘어나면서 인명과 지명을 추가하였으며, 3부를 별권으로 1914년 출판하였는데 한글 자모순으로 항목을 배열하였다.

    1931년판 『韓英大字典한영대ᄌ뎐』은 총독부 간행 사전 및 출판물에서 3만 5천 항목을 추가하여 8만 2천 항목으로 늘어났는데, 2부 한영(漢英)이 사라져 한자어와 조선어를 구분하지 않았다. 일상생활에서 구분하지 않기 때문에, 사전에서도 구분하지 않은 것이다. 요코하마 후쿠인(福音)출판사에 보관되어 있던 한영사전 재고와 활판(活版)이 1923년의 도쿄 대지진으로 인해 없어졌기에 새로 조판하면서 서문에 조선인 학자 이원모, 이창직, 이교승의 도움으로 이루어졌다고 밝혔다. 이창직은 게일의 성경과 서양책 번역

성서번역위원 게일과 이창직(오른쪽 아래와 위)

및 시전 편찬에 한평생을 바친 것이다.

게일은 원산에서도 성경번역위원회에 참여했는데, '하나님' 표기에 관해 엘린우드 총무에게 이렇게 설명하였다.

위원회는 로마 가톨릭에서 하나님을 부를 때 사용하는 '천주'에 대한 타협안을 제기했는데, 네 명의 원원들은 이에 찬성했지만 저는 반대했습니다. ⋯ 제가 반대한 또 다른 이유는 '천주'는 로마 가톨릭과 ○○하는 외래어이며, 로마 가톨릭과 너무 밀접하게 연계되어 있어서 대부분 한국인들의 마음 속에서 그 이름을 떼어내리려면 오랜 시간이 걸릴 것입니다. ⋯ 우리 선교회와 감리교인들 대부분은 '하나님(Hananim)이라는 순수한 한국 토착민들의 말을 사용하기 원합니다. ⋯ 우리 중에 의견의 차이가 있다고 해서 실질적으로 분열이 있는 것은 아니라고 저는 확신합니다. 한국인들이 하나님의 이름과 성경의 가르침을 알고 나면 그 어떤 이름을 사용하더라도 이해할 수 있을 것입니다.[15]

성서번역위원으로 위촉되며 본격적으로 번역 활동을 시작하다

이창직은 이 무렵까지 성경 번역에 있어서는 게일의 조력자였는데, 언더우드와 게일이 안식년 휴가를 떠나 번역에 공백이 생기자 영국성서공회와 미국성서공회는 구약 번역을 앞당기기 위해 1907

---

15 같은 책, 68-69쪽. 1894년 5월 19일 편지.

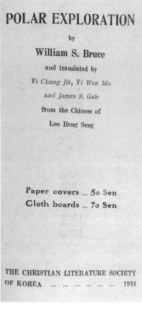

POLAR EXPLORATION
by
William S. Bruce
and translated by
Yi Chang Jik, Yi Wun Mo
and James S. Gale
from the Chinese of
Loo Heng Seng

Paper covers ... 5o Sen
Cloth boards ... 7o Sen

THE CHRISTIAN LITERATURE SOCIETY
OF KOREA 1931

1931년에 출판한 양극탐험기 표지에는 이창직, 이원모, 게일을 공역자로 썼다.

년 4월에 이창직과 김정삼을 번역위원으로 임명해 레이놀즈와 함께 3인 번역자회를 구성하도록 결정했다. 한인 번역자가 조사가 아닌 정식 번역위원이 되어 번역 본문을 놓고 발언권뿐만 아니라 표결권까지 가지게 된 것이다. 이는 한국 기독교인의 위상과 지도력이 향상된 것을 보여주는 획기적 사건이었다.

게일은 경신학교나 배재학교 학생들에게 교재로 사용하기 위해 『유몽천자(牖蒙千字)』를 간행했는데, 이창직이 게일과 함께 공동번역자로 표기된 『유몽천자(牖蒙千字) 속(續)』은 대한성교서회(초판), 대한예수교서회(재판), 광학서포(3판) 등으로 출판사를 바꿔가며 개정판을 낼 정도로 잘 팔렸다. 게일이 번역하여 1913년 조선예수교서회에서 간행한 『예수의 재림』에는

혹이 말하기를 "내가 주의 재림을 믿기 전에는 성경보는 데 열심을 얻지 못하였더니, 주의 재림을 믿은 이후로는 새 성경과 새 뜻을 얻은 모양이라" 하니, 누구든지 이 책을 보시고 재림의 확실함을 깨달아 신구약 성경을 새 맛으로 보시기를 바라옵나이다.

라는 내용의 서문을 지어 붙일 정도로 독자들에게 인정받는 번역자가 되었다. 1921년에는 『유년구약니야기』라는 책을 조선예수교서

회에서 단독 번역 출판했는데, "제1장 이름다운 동산(창세기 1:1 – 3:24)"부터 "제26장 금송아지를 만드니 이스라엘 백성이 그 앞에 절함"까지 글자 그대로 구약 이야기를 어린이들에게 전달하는 책이다. 이 책의 표지에는 "BIBLE STORIES. Mr. Yi Chang Jik 이창직 역술"이라고 이창직의 번역을 밝히고 있어, 이창직이 한국어교사, 교열자, 공동번역자, 서문 필자를 거쳐 단독 역술자로 발전한 모습을 보여준다.

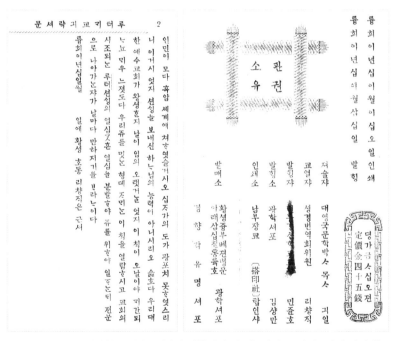

게일이 1908년에 간행한 루터개교기략에 이창직이 서문을 썼다. 루터개교기략 판권에는 이창직을 교열자로 밝혔다.

이 책은 1940년에도 재판이 나올 정도로 독자들에게 잊혀지지 않았다. 서경조나 최병헌 같은 한국어교사들은 신학공부를 하고 목회자가 되었는데, 선비 출신의 이창직은 저술가로 일생을 보낸 듯하다.

셋째 딸 혜경이 독립운동가로 활동하다

이혜경(1889-1968)은 해주에서 이창직의 셋째 딸로 태어나, 게일이 선교지를 옮겨 다닐 때마다 아버지를 따라다니며 새로운 학문을 공부하였다. 11세가 될 때까지 캐나다 선교본부였던 원산에서 자랐고, 서울로 이주한 뒤에는 1901년에 게일이 세운 연동여학교(정신여학교)에 입학하여 1907년에 졸업하였다.

1907년에 도쿄여자학원으로 유학하여 도쿄YMCA 안에 세워진 도쿄한인교회에 출석하였고, 22세에 도쿄여자학원 영문과를 졸업하고 정신여학교에 영어 교사로 부임한 이후 성진의 보신학교, 함흥의 영신여학교, 원산의 진성여학교를 거치며 교육자로 활동하였다.

원산 지역의 3·1운동에서 세브란스의학전문학교 학생 김성국이 전달한 독립선언서를 이혜경이 정춘수 목사와 배성학교 이가순 목사에게 전달하며 만세운동을 주도하였고, 1919년 9월에 혈성단 애국부인회와 대조선 독립부인회를 통합하는 과정에 주도역할을 하여 대한민국애국부인회 부회장으로 취임하였다. 대한민국애국

대한민국애국부인회, 왼쪽에서 세 번째가 이혜경, 월간 독립기념관 사진

부인회는 2천여 명 이상의 회원을 비밀리에 확보하고, 매달 1원씩
의 회비를 모아 6천여 원의 군자금을 임시정부에 보내기도 했다.
그러나 조직원의 배신으로 1919년 11월 28일 일경에 의해 간부들
전원이 체포되어, 이혜경도 대구감옥에서 징역 1년을 살았다. 1921
년 출옥 후에는 원산 마르다윌슨신학교에 교수로 재직하며, 3·1만
세운동 때 함께 활동했던 의사 김성국과 결혼하여 대구에서 살았
다. 교회와 사회봉사로 일생을 보내다 1968년 1월 4일 세상을 떠났
다. 1990년 정부는 이혜경의 공훈을 기리어 건국훈장 애국장을
추서하였다.[16]

---

16 윤정란, 「여성독립운동가 이혜경의 인생역정」, 『월간 독립기념관』, 2017년 12월호
에서 간추려 소개하였다.

11

부자가 한국어교사로 활동하였던 양시영과 양기탁

게일의 『한영ᄌ뎐』 편찬에 부자가 참여하다

게일이 1892년에 원산으로 갈 때에 선비 출신의 한국어교사 이창직을 데려가서 사전을 비롯한 한국 관련 책들을 집필하기 시작했는데, 초판 1,200페이지 분량의 『한영ᄌ뎐』 편찬은 워낙 방대한 작업이었기에, 여러 명의 도움이 필요하였다. 게일은 1897년에 출판된 『한영ᄌ뎐』의 머리말에서 "이제 그동안 나와 함께 하였던 한국인들의 이름을 여기에 밝힌다. 정동명(鄭東鳴)·양시영(梁時英)·이창직(李昌稙)·이득수(李得秀)·이겸래(李謙來)·양의종(梁宜鍾)·조종갑(趙鐘甲)·신면휴(申冕休), 극동의 매력과 생경스러움을 경험하게 해준 이들을 떠올리니, 믿음직스럽고 존경해마지 않는 나의 친밀한 친구들을 이제 떠나게 되는 일이 여간 유감스럽지 않을 수 없다."라고 하였다.

PREFACE.   iii

Mention is made of the names of Koreans who have been associated with me, not without the regret that one experiences in parting from intimate friends, who have won your confidence and respect, and with the remembrance of whom you associate the charms and absurdities of the Far East : 鄭東鳴, 梁時英, 李昌稙, 李得秀, 李謙來, 梁宜鍾, 趙鍾甲, 申冕休.

How far my desire to provide something that will be of assistance to fellow students in the language will be realized, remains to be seen. I am aware of many defects in the work. Typographical errors alone that remain, in spite of careful proof reading, are numerous and are one of the disappointments, unavoidable it seems, where printers have to work as in this case with unknown languages. Notwithstanding defects, it is offered as an honest effort, and as the best that I could do under the circumstances and with the means at my disposal.

JAMES S. GALE.

Yokohama, January 21st, 1897.

한영ㅈ뎐 머리말에 소개된 양시영·양의종의 이름

이 가운데 양시영과 양의종은 부자 관계이다. 일찍부터 선교사들과 접촉하였던 선비 양시영이 아들 양의종을 15세에 제중원에 입학시켜 영어를 배우게 하였다. 양시영의 이름이 이창직 앞에 있는 것을 보면 아마도 나이 순서로 기록한 듯한데, 앞부분은 한자로 도와준 인물들이고, 뒷부분은 영어로 도와준 인물들인 듯하다. 이들의 이름이 관립외국어학교 졸업생 명단에 없는[1] 것을 보면 아마도 사립학교에서 영어를 배웠을 것이다.

이 가운데 신면휴(申冕休)는 『한영ㅈ뎐』이 나오던 1897년에 진

---

[1] 박창남, 「개화기 관립외국어학교 출신자 연구」, 성균관대학교대학원 박사논문, 2012.

사 장지연(張志淵)과 함께 사례소(史禮所)에 직원으로 임명되어 내부 참서관 현은(玄檃)과 함께 활동했던 개화파 인물이고, 이겸래(李謙來)는 이듬해에 외부 교섭국장(주임관 5등)에 임명되어 외교관으로 활동하였다. 조종갑은 일본에 유학하였다.

제중원에서 6개월 동안 영어를 배웠던 양의종은 26세 청년이었는데, 일본에 양의종이라는 이름으로 다녀온 뒤에 양기탁이라는 이름으로 벼슬을 하였다. 승정원일기에서 확인되는 박문원 주사(博文院主事)·예식원 번역관(禮式院繙譯官)·예식원 주사(禮式院主事)·한미전기회사 검찰관(韓美電氣會社檢察官) 등이 영어를 잘한 덕분에 얻은 직책임을 알 수 있다.

양시영이 게일에게 세례를 받고 한국어교사로 활동하다 양기탁의 호적에 의하면 이들의 원적은 평안남도 강서군 쌍령면 신경리 143번지인데, 평양으로 나와서 살았다. 양시영은 벼슬하지 않은 선비였으므로 실록이나 승정원일기에 이름이 보이지 않고, 1892년 4월 20일 엘린우드 총무에게 보낸 게일의 편지에 처음 나타난다.

세례를 받을 자 중에 양 씨(Mr. Yang)라는 사람이 있는데, 평양에서 온 소박한 자로 나이는 마흔세 살입니다. 그는 훌륭한 한학자(Chinese scholar)이며, 그 덕분에 성경을 쉽게 접하였고, 그리고 작년 9월부터 밤낮으로 열심히 공부를 하고 있습니다. 저는 그가 성령이 충만한 사람으로, 주님이 여기에 쓰실 만한 그런 사람이 될 것으로 기대하고 있습니다. (마펫 씨와 기포드 씨도 그렇게 기대하고 있을 것입니다.)

이때 43세라면 아마도 1849년생으로, 게일보다 13세 위이다. 게일은 6월에 원산으로 거처를 옮겼으니, 4월에 세례를 받았다면 이들이 서울에서 만났을 것이다. 학습을 거쳐 세례를 받으려면 최소한 1년이 걸리므로, 양시영은 그 이전부터 게일을 알았을 것이다.

양시영은 아들 의종의 교육을 위해서 서울로 올라왔다. 양부 양시욱이 서울에 살고 있었을 가능성도 있지만, 아들 의종이 1886년에 제중원에 입학하여 영어를 배우게 되었기 때문이다. 양시영의 이름은 게일이 1896년 2월 18일 일본 요코하마에서 엘린우드에게 보낸 편지에서 다시 나타난다.

백성들 가운데 천주교인 대부분이 머리를 잘랐고, 기독교인들 가운데 황해도에서 온 송 씨(스왈론 선교사의 조사), 천 씨(스왈론의 선생), 양 씨(저의 이전 선생), 감용기(우리의 요리사)와 그 외 7명이 상투머리를 포기했습니다. 원산에 있는 사람들은 천주교인들과 기독교인들이 상투머리를 잘랐다고 말합니다.

게일은 이때 이창직과 함께 『한영ᄌᆞ뎐』 교정을 보러 요코하마에 와 있었으므로 더 이상 한국어를 배울 수 없어서, 양시영을 "저의 이전 선생"이라고 소개하였다. 여전히 원산에서 선교부 일을 돕던 양시영은 다른 동료들과 함께 상투를 자르고, 기독교 활동에 적극적으로 참여하였다.

맥켄지가 캐나다에서 선교비를 모금해 1893년에 독립선교사로 한국에 도착하자 황해도 소래에 파견되었는데, 1895년에 열병으로 세상을 떠났다. 그의 한국어교사 서경조가 이 소식을 편지로 써서 캐나다 선교부에 보내자, 선교부에서 선교사 3명을 공식적으로 파견하였다. 이들의 선교 구역이 함경도로 조정되었는데, 그때까지 원산에서 활동하던 게일이 1898년 11월 30일 엘린우드에게 보낸 편지에 그러한 사연이 실려 있다.

> 우리 선교회는 선교 본부의 승인을 기다리며 함경도를 캐나다 선교사들에게 넘겨주기로 결정했습니다. 캐나다 선교사들 중에 다섯 명이 이미 이곳 선교 현장에서 일하고 있습니다. 그들은 맥켄지가 그의 일생을 보낸 황해도에 들어가기를 기대하면서 이곳으로 왔습니다. 그런데 황해도는 우리의 가장 큰 사역지인데, 그것을 넘겨준다는 것은 불행한 일입니다. 만약 우리가 그곳에서 사역을 그대로 유지하려면 그들이 □□하지 못하도록 실질적으로 막아야 합니다.

대장장이 출신의 던칸 맥레(Duncan MacRae, 1868-1949)는 처음 서울에 머무는 동안 차을경에게서 한국어를 배웠다. "차 씨는 체격과 성격에서 독특한 사람이었다. 6피트 2인치인 던칸[2]보다 더 크기 때문에, 그의 학생들 머리 위로 키가 솟았다. 그럼에도 학자와 양반의 인상적인 위엄을 항상 지니고 다녔다. 게다가 차 씨는 독실한 그리스도인이었다. 공부 시간 전에 언제나 기도하도록 한 것도 그였다. 풀리지 않는 어려운 언어의 문제들을 다룰 때마다, 차 씨는 고개를 숙이고는 기도와 깊은 명상 속에서 잠시 동안 앉

---

2 던칸 맥레의 딸 헬렌 맥레는 아버지 이야기를 책으로 쓰면서, 아버지는 던칸, 어머니는 에디스라는 이름으로 표기하다가, 필요에 따라 맥레라는 성으로도 표기했다. 맥레와 던칸이라는 두 가지 표기가 뒤섞여서 혼란스럽긴 하지만, 원문(번역문) 그대로 인용하였다.

아 있었다. 마침내 침착하게 차 씨는 그들을 위해 문제를 해결하여 그들의 길을 수월하게 안내해 주었다. 그는 던칸(마 목사)과 그리어슨(구 목사)에게서 경탄과 애정을 얻었으며, 그래서 그들은 함께 원산으로 가자고 차 씨를 재촉할 정도였다."[3]

맥레가 원산으로 내려온 뒤에도 게일은 후배 캐나다 선교사들을 가르치기 위해 몇 달 더 양시영과 함께 원산에 남아 있었다.

던칸 맥레에게 한국어를 가르치며 함께 선교 여행하다

1899년 봄에 맥레는 함흥을 답사하기 위해 신청한 물품들이 도착하기를 기다리며 한국어 공부를 계속하였다. "던칸은 자신의 선생님인 양 씨(Mr. Yang)와 캐나다 선교사들이 조선어를 유창하게 할 때까지 그들과 함께 사역하기 위해 소래에서 온 서경조 씨와 함께 가도록 이 여행을 조정하였다"[4]는 기록을 보면 맥레의 한국어 교사가 차을경에서 양시영으로 바뀐 것을 알 수 있다. 차을경은 선교 사역의 조사로 계속 참여하고, 서경조는 캐나다 선교사들과 양시영의 한국어 회화가 자연스러워질 때까지 도와주었다.

"5월 3일 저녁, 던칸은 그의 선생님인 무서운 양 씨와 소래의 서경조 씨와 함께 북으로 향하는 해안 증기선에 올랐다"[5]고 한 것

---

3 헬렌 F. 맥레 지음, 연규홍 옮김, 『팔룡산 호랑이 – 던칸 M. 맥레 목사의 삶』, 한신대학교출판부, 2010, 114쪽.
4 같은 책, 123쪽.
5 같은 책, 126쪽.

을 보면 양시영은 근엄한 선비 풍모의 엄격한 한국어교사였음을 알 수 있다.

함흥 선교지를 답사하는 동안, 맥레의 가장 큰 고민은 자신이 아직 한국어에 익숙지 않다는 점이었다. 신자의 집에 들러서 불신 자들과 토론하는 중에 "나는 조선말을 많이 알지 못한다"고 고백하 면서도, "예수께서 조선의 죄인들을 위하여 십자가 위에서 죽으셨 다"고 설교하였다. "나는 이 언어의 고비를 넘기지 못하였으나, 언어의 고비를 넘기는 그날을 속히 오게 해 주기를 주님께 기도"하 자고 약혼녀 에디스에게 편지를 보냈다.

그가 혼자서 길을 걷다 보니 '영국인'이라느니, '예수쟁이'라느 니, 수군거리는 소리가 들렸다. 집으로 돌아오는데, 누군가 그의 등에 돌을 던졌다. 그가 돌아서서 군중 앞으로 걸어가 "누가 돌을 던졌느냐?"고 한국어로 물었다. 군중들은 그가 한국어를 모를 거 라고 생각하였으므로 당황하고, 곧바로 평온해졌다. 맥레가 한국 어 교육의 효험을 처음 느낀 순간이었다.

여름이 다가오자, 서경조와 양시영은 함흥에 더 이상 머물 수 없다고 깨달았다. 폭염과 폭우가 번갈아 나타났다. 6월 15일에 황 소 수레에 짐을 싣고, 맥레와 한국어교사들은 땀에 젖고 먼지에 덮인 몸으로 수레 뒤를 따라 원산까지 터벅터벅 걸어갔다.

엄격한 한국어교사이자 선교 조사였던 양시영

그해 여름 맥레의 북청 선교 여행에 양시영은 따라가지 않고 원산 본부를 지켰다. 맥레가 원산에 돌아오자 양시영은 한국어공부 진도부터 확인하고, 자기와 떨어져 있는 동안 진도가 뒤처진 것에 대해 신랄하게 훈계하였다. 맥레는 동생 샌디에게 편지를 보내면서 자신의 게으름을 이렇게 인정하였다.

"나는 이제 무거운 압박 아래에 있다. 부끄러움의 짐이 나를 내리 누르고, 밤낮으로 나의 마음은 나의 공부에 있다."[6]

원산 봉수동 선교지부 집에서 맥레 부부와 한국인 조력자들
(독립기념관, 캐나다 선교사가 본 한국. 한국인. 18쪽)
앞줄 왼쪽부터 이만옥, 김순학, 양시영, 차을경이며, 뒷줄이 던칸 맥레와 에디스 맥레 부부이다. 독립운동가 양기탁의 부친이기도 한 양시영(梁時英)은 선교사들에게 한국어를 가르쳐 주었다.

---

6 같은 책, 154쪽.

양시영에게 타박을 받고 비록 낙심하였지만, 맥레는 말하기와 쓰기의 한국어 시험을 치르기 위해 9월에 그리어슨과 함께 서울로 갔다. "마침내 나는 용기를 내었고, 겁쟁이로 행동하기보다 패배를 받아들이는 것이 더 영예롭다고 느꼈다."고 에디스에게 편지를 보내더니, 시험을 친 뒤에 그는 너무 흥분하여 날짜도 쓰지 않고 에디스에게 편지를 보냈다.

> "내가 시험 결과를 잘 받아서 기뻐요. 그리어슨 박사는 말하기에서 100점과 쓰기에서 95점을 받았고, 맥레는 말하기 98과 1/3점, 쓰기 90점을 받았소. … 이 일에서 하나님의 도우심과 축복에 감사와 영광과 찬양을 하나님께 드리오."[7]

1899년 12월 30일에 맥레는 양시영과 함께 함흥의 선교를 시작하기 위해 정기선을 타고 소호로 향하였다. 대장장이 출신인 맥레는 시골 대장간에 들려서 활활 타오르는 석탄 속의 붉고 뜨거운 쇠막대기를 꺼내어 편자 모양으로 두드려서 나귀 발굽에 두드려 박고 선교지를 돌아다녔다. 맥레가 다른 서양 선교사와 다른 모습을 보고, 대장장이 안 씨도 예수를 믿어 성경공부에 열심히 참여하는 교인이 되었다. 함경도에서는 북청에서 가장 많이 선교책자들이 팔렸다.

---

7 같은 책, 154쪽.

에디스에게 한국어를 가르치며 여학교 일을 돕다

에디스가 맥레와 결혼하여 원산에 도착하자, 봉수동 벽돌집에 모여서 환영하던 남자들이 "공손하면서도 진심으로 에디스에게, '조선말을 빨리 배워서 조선의 여자들을 가르쳐 달라'고 간청하였다." 그러나 에디스가 한국어를 잘 배우려고 하지 않자, "던칸은 그녀가 도망칠 수 없는 위치로 그녀를 이끌었다. 던칸은 에디스의 선생님으로, 불굴의 남자이고 훌륭한 선생님이며 주목되는 학자인 양 선생을 고용하였다."[8] 에디스는 어쩔 수 없이 한국어를 배우기 시작하였다.

"양 선생은 던칸과 게일 박사를 가르친 것처럼 에디스를 대했다."[9] 공부에 진전이 없으면 따끔하게 훈계하였고, 에디스가 지쳐 있을 때에는 부드럽게 가르쳤다. "공부 준비를 해오지 않는 날에는 호되게 꾸짖어 에디스는 양 선생에게 '이집트의 감독자'라는 칭호를 붙여 주었는데, 그것은 게일의 책에 나온 인물로 양 선생에 대한 게일의 필명(pseudonym)에서 빌려온 말이다. 그러나 세 학생 모두 그 선생님에게서 언어 이상의 것을 배웠다."[10] 그들은 조선 문화에 대한 이해를 배웠는데, 이는 그들의 삶과 한국에 대한 그들의 선교에 영향을 끼쳤다.

한국어를 완전히 정복할 때까지 기다리지 않고, 에디스는 여성

---

8 같은 책, 180쪽.
9 같은 책, 180쪽.
10 같은 책, 180쪽.

사역에 적극적으로 참여하였다. 각 가정에서 드리는 예배에 참석하여 여성들과 이야기를 나누었으며, 그들이 무엇을 바라는지 알려고 애썼다. 맥레는 양시영에게 봉수동 선교기지와 에디스를 맡기고, 개마고원 쪽으로 6주간의 선교 여행을 떠나기도 했다. 그곳에서 함경도 사람들과 생활 양상이나 종교 의식이 다른 원주민들에게 복음을 전도하였다.

에디스는 원산에 소녀들을 위한 학교를 세우려는 계획을 세웠다. 선교회의 승인을 얻고 나서, 맥레와 양시영과 함께 의논하였다. "그 결과 에디스가 맥레의 집에서 일주일에 네 번 소녀들을 가르치고, 양 씨가 에디스의 학교 운영을 돕기로 결정하였다."[11] 함흥에는 이미 신 씨 부인이 무보수로 가르치는 몇몇 소녀들을 위한 그리스도교 학교가 있었다. 몇 년이 지난 후에 채마리아가, 그리고 더 후에는 에디스와 양시영이 신 씨 부인의 일을 맡게 되었다. 양시영은 맥레 부부에게 한국어를 더 이상 가르칠 필요가 없게 되자, 이들이 세운 원산과 함흥의 여학교 운영을 맡아 봉사한 것이다.

"조선어 구문과 고유한 표현들이 영어에서의 대응어들보다 던칸과 에디스의 마음에 더 쉽게 다가왔다."[12] 여러 해 동안 양시영에게서 한국어를 배우며 한국 문화를 이해하게 되자, 맥레 부부는 한국어가 영어만큼이나 편해지고 자연스러워진 것이다. 1910년에 태어난 둘째 딸 "진주가 말하기 시작한 순간부터 조선어는 그녀의 언어

---

11 같은 책, 204쪽.
12 같은 책, 219쪽.

여학교를 운영하던 시절의 양시영. 앞줄 오른쪽

가 되었다."[13] 부부가 집에서 한국어로 대화하자, 진주는 한국어를
모국어로 배웠던 것이다. 진주는 캐나다에서 교사 생활을 하다가
은퇴한 뒤에 한국으로 돌아와서, 맥레 부부와 다른 캐나다 선교사
에 관한 자료들을 수집하여 *A Tiger on Dragon Mountain*(팔룡산 호랑
이)라는 책을 출판하였다.

맥레는 마구례(馬求禮), 또는 마 목사라는 이름으로 일제에 추방
당하던 1937년까지 40년 동안 한국과 한국인을 사랑하며 학교 설
립, 농업기술 전파, 의료지원 등의 다양한 분야에서 선교하였다.

---

13 같은 책, 278쪽.

고국으로 돌아간 후 세상을 떠날 때에도 삼일만세운동 시절의 애국자가 비단으로 만들어준 태극기를 손에서 놓지 않았다. 이 태극기는 맥레와 함께 아름다운 브레튼곳 언덕에 묻혔다.

아들 양기탁도 한국어교사로 일본에 파견되다

양기탁은 1871년 4월 2일 평안남도 평양군 소천에서 양시영의 장남으로 태어났다. 어릴 적 이름은 의종이었다. 양기탁은 서당에 들어가 한문을 배우며 자랐는데, 15세에는 그 지방에서 소년문장가로 손꼽혔다. 마침 1885년 4월에 제중원(濟衆院)을 개원한 선교사 알렌이 의사를 돕는 조수를 양성하기 위해 외아문(外衙門)에 학생 선발을 의뢰하자, 외아문에서 1886년 2월 13일에 팔도 감영에 공문을 내려보내 '문벌에 구애받지 말고, 총명하고 근면한 젊은이를 선발해 보내달라'고 하였다.

각도에서 2명씩 16명이 선발되어, 평안도에서는 양의종과 김영진을 추천하였다.[14] 양의종은 알렌과 언더우드에게서 영어와 제약·의술 등을 6개월 배우다가 자퇴하고, 독학으로 영어를 계속 배웠다. 한학의 토대 위에서 영어를 배우면서 선교사들과 가까워진 것이다.

양기탁의 이름은 아버지 양시영의 이름과 함께 게일의 글에서

---

14 『統署日記』, 「舊韓國外交關係附屬文書」 제3권(1886,1, 10), 『우강 양기탁전집』 제1권, 동방미디어, 2002, 207쪽.

두 번 나타난다. 1897년에 출판한『한영ᄌᆞ뎐』머리말에서 처음 보이고, 조선야소교서회에서 간행하는 계간지 *The Korean Bookman* 3권 2호(1922년 6월)에 한국의 옛 시조를 영어로 번역하여 발표하면서 자신이 원전으로 삼았던 가집(歌集)을 소개하는 글에서 두 번째로 나타난다.

> 30년도 더 전에, 한때 유명했던 양기탁의 아버지가 가집을 하나 갖고 있었는데, 그의 친구가 소유했던 목판으로 찍어낸 책이었다. 그는 나에게 최고의 찬사를 하며 그 책을 주었다. 오늘 나는 오랜 세월을 지내며 매우 낡아버린 이 책을 독자들에게 소개하려고 한다. 이 책의 이름은『남훈태평가』이다. '남훈'은 아브라함보다 훨씬 더 오래 전에 살았던 순임금의 궁전을 말한다.[15]

『한영ᄌᆞ뎐』이 나올 때에는 양기탁이 양의종이라는 청년이었지만 이제는 유명 인사가 되었으므로, 게일은 영어 독자들에게 자신의 오랜 친구 양시영을 '유명했던 양기탁의 아버지'라고 소개하였다. 대부분의 가집은 가객들이 가창하기 위하여 필사본으로 유통했었지만,『남훈태평가』는 독서물로 판매하기 위해 방각본(坊刻本)으로 간행하였다. '계해석동신간(癸亥石洞新刊)'이라는 간기(刊記)를 보면 1863년에 간행된 것이 분명하니, 양시영의 친구가 이때 목판을 새겨 판매했을 수도 있고, 나중에 목판을 인수하여 계속 찍었을

---

15 강혜정, 「20세기 전반기 고시조 영역의 전개양상」, 고려대학교 대학원 박사논문, 2013, 65쪽.

수도 있다.

게일이 『남훈태평가』를 소개하면서 '양시영에게서 30년 전에 이 책을 받았다'고 했는데, 1922년부터 30년 전이라면 『한영ㅈ뎐』을 편찬하기 시작할 무렵이다. 양시영이 사전 편찬에 합류하면서 『남훈태평가』를 선물한 셈인데, 『한영ㅈ뎐』은 1897년 6월에 일본 요코하마에 있는 '후쿠인인쇄합자회사'에서 인쇄하여 '서울 야소교서회'에서 발행하였다.

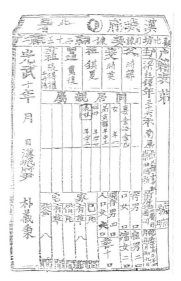

양기탁의 대한제국 호적에
생부 양시영의 이름이 보인다.

게일은 『한영ㅈ뎐』을 교정하기 위해 이창직과 함께 1895년 12월에 요코하마로 왔고, 양시영과 양의종은 원산에 남아 있었다. 양기탁이 1912년 12월 20일 신민회 사건 공판 때에 "원산 영사관원의 소개로 나가사키상업학교에 한국어교사로 가서 2년 정도 체류하였다"고 진술하여, 양시영은 계속 원산에 남고 양의종은 일본에 간 사실을 알 수 있다. 일본 기자 호소이 하지메(細井肇)가 편찬한 인물지 『현대 한성의 풍운과 명사』라는 책에도 양기탁이 일본에 갔던 시기를 1897년으로 기록하고 있다.[16] 게일이 요코하마에서 교정보던 시기와 비슷하다.

---

16 정진석, 『양기탁』, 기파랑, 2015, 31쪽.

맥레가 처음 캐나다에서 한국으로 올 때에 일본 요코하마에서 9일 동안 머물렀는데, 그 사이에 캐나다 선배 선교사 게일을 만났다. 게일은 맥레에게 『한영ᄌ뎐』 원고를 검토해 달라고 부탁했으며, 맥레는 이 사전을 가지고 한국어를 배울 독자의 입장에서 몇 가지 제안을 하였다. 게일은 양시영의 첫 번째 한국어 제자이고 맥레는 두 번째 제자인데, 이 시기에 게일이 맥레에게 양시영을 한국어교사로 소개하거나, 맥레가 양의종을 만났을 가능성이 있다.

나가사키상업학교 동창회 명부 직원명단에는 '양선종(梁宣鐘)'[17]이라는 이름으로 기록되어 있는데[18], 귀국한 뒤에는 양기탁(梁起鐸)이라는 이름으로 박문원 주사(博文院主事) · 예식원 번역관(禮式院繙譯官) · 예식원 주사(禮式院主事) · 한미전기회사 검찰관(韓美電氣會社檢察官) 등의 직책을 맡아 영어와 일본어 실력을 활용하였다. 그 중간에 이승만의 옥중학교에서 죄수들을 가르쳤다가, 『대한매일신보』 창간에 합류하면서 항일 민족 언론인으로 나섰다.

---

17 '선(宣)'은 당연히 '의(宜)'의 오자(誤字)이다.
18 『우강 양기탁전집』 제1권, 동방미디어, 2002, 210쪽.

12

충청도의 침례교와 남장로교 선교사를 가르친 오긍선

전통적인 한학자이자 대한제국 관리인 오인묵의 아들 해관(海觀) 오긍선(吳兢善, 1878-1963)은 여느 충청도 양반의 자제들처럼 과거 시험에 합격하여 관원이 되는 것을 목표로 삼고 서당 공부에 힘썼다. 그러나 그가 혼인하여 가정을 꾸리고 과거시험을 치르러 나갈 17세 무렵에 갑오개혁으로 과거제도가 없어지고 새로운 방식으로 관원을 뽑게 되었다. 그는 과감하게 배재학당에 입학하여, 한국어 교사로 새로운 인생을 개척하였다.

대제학 오도일의 7대손 영의정 오윤겸의 9대손으로 태어나다

오긍선은 충청도 공주군 사곡면 운암리 마곡사 아랫마을에서 우석(愚石) 오인묵(吳仁黙, 1850-1933)의 외아들로 태어났다. 호는 해관(海觀)이고, 자는 이름의 가운데 글자인 긍(兢) 자를 풀어써서 중극(重克)이라 하였다. 1617년에 2차 통신사로 일본에 파견되어 321명의 임란 포로들을 데려오고 영의정까지 오른 충정공(忠貞公) 오윤겸(吳允謙, 1559-1636)이 9대조이고, 병조판서 대제학을 지낸 오도일(吳道一, 1645-1703)이 7대조이며, 6대조 오수엽(吳遂燁)도 1723년 진사시(進士試)에 장원하여 청주목사를 지낼 정도로 충청도의 대표적인 사대부 집안에 태어났으므로 오긍선도 당연히 벼슬하기 위해서 과거시험 공부를 하였다.

아버지 오인묵도 대한제국 시기에 벼슬하였는데, 망우리 해주 오씨 묘역에 조성된 오인묵의 묘비에는 관직이 적혀 있지 않다. 아들 오긍선이 한문으로 지은 비문은 평이한 내용이어서 자손들의 이름과 생졸년도나 알리는 정도인데, 오긍선이 어릴 적에 배운 한문 실력을 가늠해볼 수 있다.

묘역 초입에 「감찰 오인묵 적선비」가 세워져 있어 오인묵이 사헌부 감찰(정6품) 벼슬을 했음이 확인된다. 전라도에 3년이나 흉년이 들어서 오인묵이 공주에서 배에다 쌀을 싣고 금강을 따라 내려가 굶주린 주민들을 먹여 살렸으므로 옥구군 개정면 주민들이 감사하며 1926년에 만들었는데, 오인묵 생전에 세우지 못하다가 사후에 이곳으로 옮겨 온 것이다.

오인묵의 전체 재산 규모를 정확하게 계산할 수는 없지만, 그가 막내손자 오진영에게 남긴 유산이 3백 석지기나 된 것을 보면 천석군은 훨씬 넘었으리라고 짐작된다. 오진영이 아버지를 회고한 글 「가훈 엄하셨던 나의 아버님」에서 경성제국대학 문과를 졸업

감찰 오인묵 적선비

하던 날 아침 이야기를 이렇게 기록하였다.

大學卒業式날 아침, 1934年 3月 25日 아버님을 뫼시고 卒業式에
參席하기로 하였는데, 그날 아침에 사랑으로 나오라는 吩咐가 계셔
서 나갔더니 하시는 말씀이 "오늘 네가 最高學部를 나오게 되었으니
나의 責任은 끝나게 되었다. 來日부터는 네가 獨立해서 生計를 꾸려
나가야 한다. 네 名義로 있는 田畓 3百石직이는 너의 할아버님께서
막내孫子의 몫으로 장만해 놓으신 것이니 내가 相關하지 않을 것이
고, 너는 내 名義로 있는 不動産에 對하여는 秋毫의 期待도 가져서는
아니 된다. 내 財産은 社會에 還元할 것이다.[1]

---

[1] 海觀吳兢善先生紀念事業會 編, 『海觀 吳兢善』, 연세대학교출판부, 1977, 199쪽.

오진영은 아버지 오긍선이 "재산을 자녀들에게 남기지 않고 사회에 환원하겠다"는 생각을 자신이 대학을 졸업하던 날에 이미 밝혔다는 뜻으로 기록한 것인데, 오인묵의 자녀가 4남매이고 그 가운데 한 사람인 오긍선의 자녀가 또한 5남매나 되었는데 막내손자에게 3백 석지기나 상속한 것을 보면 오인묵의 재산이 최소한 2천 석은 넘었던 듯하다.

오인묵의 적선비에 '감찰'이라는 벼슬이 적혀 있어서 자손들은 그를 '감찰'로 부르지만, 오긍선의 생전 회고담을 바탕으로 편찬한 『해관 오긍선』에서는 "구한말에 從五品벼슬인 奉訓郎과 繕工監감역을 역임하였다"[2]고 하였다. 그러나 『고종실록』에는 그런 기록이 없으며, 『승정원일기』에는 1900년 11월 운산전보사(雲山電報司) 주사(主事)를 시작으로 1902년 8월에 의주, 1903년 1월에 성진, 10월에 삼화로 옮겨 다니며 주사(판임관 6등) 벼슬을 한 것만 확인된다. 1900년 11월에 전무학당(電務學堂)을 개설하여 전보 업무를 담당하는 전문가를 양성하기 시작했는데, 오인묵은 전무학당을 거쳐서 신교육을 받은 것이 아니라 기존의 관원 신분으로 전보사에 발령받은 듯하다. 오인묵의 벼슬에 관한 기록은 더 이상 없다.

---

2 같은 책, 6쪽.

서당을 옮기고 스승을 찾아다니며 과거시험 공부를 하다

누이동생 오현관(吳玄觀, 1889-1987)의 회고담에 의하면, 오긍선은 8남매를 잃은 뒤에 얻은 아들이어서 금지옥엽으로 키워, "10살부터 李康津(강진고을에 산분) 書齋에 가서 童蒙先習과 通鑑을 읽으셨고, 글방에서 여러 번 壯元을 하셨고, 그때마다 어머님께서 너무 기쁘셔서 先生님 대접을 극진히 하셨다"[3]고 하였다.

그러나 이 기억에는 뒤섞인 부분이 있다. '이강진(李康津)'이란 '강진 현감을 지낸 이 씨 양반'이라는 뜻인데, 『해관 오긍선』 본문에서는 '이당진(李唐津)'이라 하였다. '당진'이 공주 가까이에 있어서 더 설득력이 있을 뿐더러, 오긍선이 아버지에게 『천자문』을 배운 뒤에 서당으로 가서 『논어』『맹자』 등 사서(四書)를 배웠다[4]는 기록도 믿을 만하다.

오현관은 오라버니가 서당에서 지은 한시 한 구절을 소개하였다.

> 당시 글짓기도 五言七言句의 서당에서 壯元으로 여러 번 뽑히셨는데, 韻다는 것까지 하셨는데 13살에 지은 글로 "五更雪上月 不用一錢金"이란 오언구가 전한다.[5]

오긍선이 지은 오언구 "오경 눈 위의 달빛은[五更雪上月] 한 푼의 돈도 필요가 없네[不用一錢金]"는 '새벽 달빛이 세상 모든 사람의

---

3 오현관, 「오라버니 해관의 추억」, 같은 책, 298쪽.
4 같은 책, 13쪽.
5 같은 책, 300쪽.

공유물이어서 돈 주고 살 필요가 없다'는 뜻으로, 재산을 자신만의 소유라고 생각하지 않아서 사회에 환원했던 오긍선의 인생관이 어릴 적부터 싹텄음을 보여준다.

14세에 고향 사람 박현진(朴玄眞)과 결혼한 뒤에는 공주 읍내 검상동 이후(李㦿, 1828-?) 승지 문하에 들어가 본격적으로 과거시험 공부를 하였다. 이후는 1858년 진사시에 합격하고 1886년 문과에 급제하여 돈녕부 도정(정3품), 호조참의를 거쳐 1891년 12월 10일 승지(정3품)에 낙점되어 몇 달 근무하다가 다른 벼슬도 역임했지만, 고향에서는 여전히 이승지로 불리던 인물이다.

이후는 학자로 꼽히는 인물은 아니었지만, 진사와 문과에 급제하고 조정의 요직을 두루 거친 관원이어서 공주에서 구할 수 있는 최고의 과거시험 교사였다. 그러나 그가 공주에 내려온 이유가 세상이 바뀌었기 때문이므로, 갑오개혁이 시작되면서 전통적인 관원 선발제도였던 과거시험이 폐지되고, 이제부터는 새로운 학문을 배운 청년들이 관직에 오를 기회가 많아졌다.

서당이나 서원에서 한학(漢學)을 하던 청년들 가운데 상당수는 관직과 관계없이 계속 한문이나 유학(儒學)을 공부하였지만, 일부는 배재학당을 비롯하여 신학문을 가르치는 학교에 입학하였다. 오긍선도 한학자가 되는 것이 서당 공부의 목표가 아니었기에, 새로운 문물을 배우러 서울로 올라왔다.

스테드만의 집에 피신했다가 한국어교사가 되다

『해관 오긍선』에서는 "科擧시험의 등용문이 폐지된 것을 안 海觀은 1896년 초순 18세 소년으로 上京하자 그의 스승인 李厚(前承旨)의 추천으로 内部의 主事로 등용되어 官職을 맡기도 했다"고 기록하였다. 그러나 실록이나 승정원일기에 이에 관련된 기록이 없을 뿐만 아니라, 아무런 경력도 없는 18세 청년이 중앙 관아의 판임관 6등 주사 벼슬에 추천되었다는 것은 믿기 어렵다.

어쨌든 1896년에 서울에 올라온 오긍선은 영어를 배워서 새로운 정부의 관원으로 등용될 수 있는 배재학당에 입학하였다. 마침 배재학당에서는 이해에 자조부(自助部)에 인쇄소와 제본소를 설치하여 가난한 고학생들에게 아르바이트 일거리를 제공했으므로, 부잣집 외아들 오긍선도 고학생이 되어 일하며 공부하였다.

1898년에 학생자치회인 협성회에서 학생 전원이 단발하기로 결정하자. 오긍선도 이때 동곳이 달린 상투를 잘라 고향 부모에게 소포로 보내면서 배재학당에 입학한 사실과 상투를 잘라야 했던 사연을 편지로 써서 보냈다.[6] 『협성회회보』가 창간되자 그는 이승만·주시경 등과 함께 창간위원으로 활동했으며, 시사 정책을 주제로 정한 토론에도 활발하게 참여하였다.

독립협회가 1897년 8월 이후에 대중계몽을 위하여 토론회를 열면서 문호를 개방하자 오긍선도 독립협회에 가입하여 학생 간사로 선임되었다. 1898년 11월에 만민공동회가 올린 〈헌의 6조 개혁안〉

---

6 같은 책, 19–20쪽.

1898년 4월 2일자 『협성회회보』에 다음번 토론 참여자로
오긍선의 이름이 보인다.

을 고종이 받아들이기로 했으나, 수구파 관료들의 반대로 실현되
지 못하고 윤치호대통령설을 빌미로 독립협회 간부 17명이 체포되
고 독립협회에도 해산령이 내려졌다. 독립협회 회원들의 연이은
시위와 상소로 독립협회도 부활되고 중추원에도 의관을 파견하게
되었으나, 독립협회 파견 의관들이 갑신정변의 주동자인 박영효를
의장에 임명해 달라고 요구하자 1899년 초에 독립협회와 만민공동

회 관련자들에게 체포령이 내려졌다.

학생 간사이던 오긍선은 정동 배재학당 뒤쪽 서대문 근방에 있던 침례교 선교사 스테드만(Steadman)의 집에 피신하여 화를 면했다. 이때의 인연으로 한국어교사를 구하고 있던 스테드만에게 한국어를 가르치는 개인교사가 되었다.[7] 이승만에 이어 영어를 잘하는 배재학당 학생으로는 두 번째 한국어교사가 되었으며, 화이팅이 이승만을 피신시켰던 것처럼 스테드만도 오긍선을 피신시켰다.

스테드만은 보스턴의 클라렌돈교회에서 설립한 엘라딩기념선교회에서 파견한 선교사이다. 엘라딩기념선교회는 한성부 서부 인달방 고간동(지금의 내자동 201번지)에 본부를 설치하고 활동하였는데, 이미 장로교나 감리교가 선교활동을 성공적으로 전개하고 있는데다 침례(浸禮)를 원칙으로 하는 선교방법 때문에 세례교인이 늘어나지 않자 1895년 가을에 남장로교의 양해를 얻어 충청도를 선교지역으로 정하였다.

스테드만은 남감리교 선교사 캠벨이 1898년 8월 1일에 엘라딩기념선교회의 선교부지를 매입하여 배화학당을 시작하기 전에 이미 공주에 근거지를 마련하였다. 남장로교 선교사 해리슨이 1897년 5월 3일에 전주로 내려가다가 5월 6일 공주를 방문하여 한참 주택을 고치고 있던 스테드만을 만났다고 한다.[8] 『해관 오긍선』의 기록과 달리, 스테드만은 1899년 초에 공주에 와 있었을 것이다.

---

7 같은 책, 26-27쪽.

8 송현강, 「강경침례교회 초기 역사(1896-1945)」, 『한국기독교와 역사』 제42호, 한국기독교역사연구소, 2015, 15-19쪽.

오긍선과 스테드만의 관계는 『해관 오긍선』의 기억보다 송현강의 논문이 더 설득력이 있다. 고종이 1898년 12월 독립협회를 해산하면서 관련자들에게 체포가 시작되자 낙향했다가, 고향집에서도 불안했던지 다시 공주스테이션 구내 스테드만의 집으로 피신해 들어갔다는 것이다. 그는 거기서 스테드만의 한국어교사로 인연을 맺었고, 그 해 상경하여 이듬해 봄 학업을 마친 후 다시 강경으로 내려와 스테드만의 조사로서 본격적인 활동을 시작했다.[9]

오긍선은 1901년 4월 스테드만이 한국을 떠날 때까지 그를 도왔고, 그 이후에는 군산의 남장로교 선교사 윌리엄 불의 한국어교사로 활동하였다. 호남에서 활동한 남장로교 선교사 조지 톰슨 브라운은 "그해(1900년)에 또한 버지니아주 노포크에서 온 윌리엄 불(William F. Bull) 목사가 군산선교부에 와서 그 후 40년간 일을 분담했다. 음악과 체육에 뛰어난 재능을 가진 그는 한국말도 능란했고, 전도 설교도 유창했다"[10]고 평가했는데, 그가 한국어로 유창하게 설교할 수 있도록 가르쳤던 교사가 바로 오긍선이다. 한문 공부도 제대로 한데다가 영어도 잘했기에 외국인에게 한국어를 체계적으로 가르칠 수 있었던 것이다.

---

9 같은 글, 21쪽.

10 조지 톰슨 브라운 지음, 천사무엘·김균태·오승재 옮김, 『한국 선교 이야기』, 동연, 2010, 73쪽.

알렉산더의 후원으로 미국에 유학하여 의료 선교사로 귀국하다

"1902년 가을 켄터키주의 알렉산더 박사가 드루 박사의 귀국으로 중단된 일을 계속하기 위해 군산에 도착했다. 그러나 알렉산더 박사가 미국에서 오는 동안 그의 아버지가 돌아가셨다. 알렉산더 박사는 장자로서 많은 재산을 정리하는 문제 때문에 선교사역을 그만둘 수밖에 없다고 생각하고 고국으로 돌아갔다. 군산에 있을 때 알렉산더 박사는 총명한 청년 오긍선을 알게 되었는데, 당시 그는 불 선교사의 어학선생이었다. 알렉산더 박사가 그를 좋게 생각해서 미국으로 데려가 의과대학을 다니도록 재정 후원을 하였다."[11]

오긍선이 그의 후원자였던 알렉산더(Alexander John Aitcheson Alexander, 1875-1929)에게 보낸 편지들이 미국 켄터키주의 주도(州都)인 프랭크포트에 위치한 켄터키역사협회(Kentucky Historical Society)에 보존되어 있다. 오긍선이 유학 시절 알렉산더에게 보낸 편지는 총 172통이며, 이 중 135통이 알렉산더에게, 1통은 알렉산더의 어머니에게, 36통은 유학을 마치고 귀국한 뒤에 군산과 서울 등에게 알렉산더에게 보낸 편지이다.[12]

오긍선은 배재학당에서 높은 수준으로 영어를 배웠기에 알렉산더에게 정기적으로 영어 편지를 보낼 수 있었다. 그는 학업에 관한

---

11 같은 책, 74-75쪽.

12 한미경·이혜은, 「"My Dear Dr. Alexander": 편지를 통해 본 오긍선의 미국 유학 시절(1903-1907)」, 『신학논단』 97집, 연세대학교, 2019, 252-253쪽.

내용뿐만 아니라 남장로교 선교사들의 소식도 알렉산더에게 전했는데, 1906년 6월 17일에 보낸 편지에서는 한국어를 배운 미국인 선교사는 한국어로 말을 걸었는데, 정작 한국인은 혀가 뻣뻣해져 한국어 발음을 못하고 영어로 대화를 나눈 체험을 소개하였다.

오긍선의 의과대학 졸업 사진

미스 스트레퍼(Straeffer)가 루이빌을 방문해서 만났습니다 … 처음 만났을 때 그녀는 제게 한국말을 건넸는데 저는 영어로 답했습니다. 그래서 웃었고 우리는 영어로 대화를 나눴습니다. 모국어로 말하려고 할 때 제 혀가 뻣뻣해져 있어 놀랐습니다.[13]

알렉산더는 오긍선에게 의과대학을 졸업한 후 1년간 미국에 더 체류하며 병원에서의 경험을 쌓은 다음 한국에 돌아가라고 조언을 했고, 오긍선 본인도 켄터키주 렉싱턴에 있는 병원과 펜실베니아주 맥키스포트 등의 병원에 원서를 제출하기도 했지만, 아버지, 아내 등 군산의 가족이 귀국을 원하고 있다는 이유로 졸업과 동시에 고향으로 돌아왔다.[14]

오긍선은 한국 국적의 최초 의학박사이자 남장로교 선교사로 귀국했는데, 누이동생 오현관은 오긍선이 군산 선교부로 내려가던 모습을 이렇게 회상하였다.

1907년 귀국 후 統監伊藤博文의 부름을 받았으나 "나는 남의 은혜를 받아 공부한 사람이다. 그것을 갚아야 한다." 하시며 大韓醫院(당시 日人經營)의 100圓 月給도 마다하시며 선교사가 경영하는 群山耶蘇病院에 그 半인 50圓 봉급을 받으며 奉仕하셨다.[15]

---

13 같은 글, 272쪽.
14 같은 글, 271쪽.
15 海觀吳兢善先生紀念事業會 編, 『海觀 吳兢善』, 연세대학교출판부, 1977, 302-303쪽.

광복 후 대한성서공회에서 새 맞춤법으로 성경전서를 출판케 하다

오긍선은 군산에서 의료 선교를 하면서 알렉산더를 기념하여 안락학교(安樂學校)를 세웠으며, 영명학교와 구암교회에 관여하였고, 오인묵이 1910년에 장로로 장립되면서 구암교회는 조직교회가 되었다. 1910년에는 광주야소교병원 원장으로 부임하고, 광주애양원에서 나병환자 치료에도 참여하였다. 1911년에는 목포야소교병원 원장으로 취임하여, 정명중학교 교장직도 겸임하였다. 20세기 초 호남 의료선교의 기틀을 한국인 오긍선이 잡아준 것이다. 1912년 5월 에비슨의 초청을 받아 남장로교선교부에서 파견하는 교수 자격으로 한국인 최초의 세브란스연합의학교 교수가 되었다. 선교사에게 한국어를 가르치다가, 자신이 선교사 신분으로 귀국하여 봉사한 것이다.

1917년 정규 전문학교로 승격한 세브란스연합의학전문학교에 피부과를 신설하고 주임교수가 된 이래 경성보육원, 경성양로원 등을 설립하여 사회사업에 힘쓰는 한편, 한국인 최초의 세브란스연합의학전문학교 교장이 되어 세브란스병원을 한국 최고의 병원으로 발전시켰다.

1945년 광복 이후에 민정장관을 비롯한 여러 관직을 권유받았지만 모두 사양하고 사회사업과 기독교문서사업에 힘썼는데, 대한기독교서회 총무로 오래 근무하였던 김춘배는 성서번역 철자법의 혼란기를 이렇게 회상하였다.

해방 후 바로 구성된 (대한성서공회) 이사회는 그 혼란기에도 성서출판에 있어 새로운 계획을 세우는데 첫째로 논의된 것이 한글 철자법 문제이었다. 이제 새로운 시대를 맞아 인쇄하는 성서는 종래에 쓰던 철자법을 버리고 조선어학회가 제정한 새로운 철자법을 채용하자는 것이었다. 이 문제에 대하여 선교사들은 별로 말을 하지 않고 나이가 많은 늙은 축에서는 우리 정부가 새 철자법을 인정하고 채용을 결정하는 것을 기다려서 거기에 따르자는 의견이었다. 그때에 나이가 제일 젊은 내가 새 철자법을 강력히 주장하고, 나이가 많은 이사 중에서는 해관선생이 나의 주장에 동조하여 우리 성서가 일찍이 조선어학회에서 제정한 철자법을 채용하게 되었던 것이다. 이러한 경로를 밟아 우리 말 성경전서가 새 철자법으로 새로 나와서 그 출판기념식을 할 때 조선어학회에서 새 철자법 제정의 주역의 一人이요 당시 문교부 편수국장이던 최현배가 참석하여 축사할 때 몹시 기뻐하던 모습이 지금도 기억된다.[16]

김춘배는 "새로운 것을 맞기에 주저함이 없고 젊은이의 주장에 호응하기에 인색하지 않았던 선생의 아량"을 칭찬하기 위해 이 글을 썼는데, 오긍선의 주장은 이승만의 방향과 전혀 다르다. 배재학당에 오긍선보다 2년 먼저 입학하여 선교사 화이팅의 한국어교사가 되었던 이승만은 망명 30여 년 만에 귀국하여 현행 한글맞춤법이 불편하니 "신구약(新舊約)과 기타 국문서에 쓰던 방식을 따라 석 달 안에 교정해서 써야 할 것"이라고 1954년 3월 27일 대통

---

16 김춘배, 「基督敎 出版文化와 海觀先生」, 『海觀 吳兢善』, 연세대학교출판부, 1977, 189–190쪽.

령 담화문을 발표하여 한글파동을 일으켰다. 자신이 편리하기 위해 옛 맞춤법을 고수할 것이 아니라, 새로운 세대를 위해 그들에게 맞는 맞춤법으로 성경을 번역해야 성경이 다음 세대에도 계속 읽힐 수 있다는 오긍선의 생각은 지금까지도 기독교 문서선교의 기본이라고 할 수 있다.

13

이름을 찾아내야 할 한국어교사들

언어교수법을 몰라서 제대로 대접받지 못했던
초기 한국어교사들

"길가에 이름 없는 꽃이 피었다"는 말은 성립되지 않는다. 세상에 이름 없는 꽃은 없고, 이름 없는 사람도 없다. 다들 나름대로 이름이 있지만 그 이름을 잊었거나, 무관심하기 때문에 기록하지 못한 것뿐이다. 시조집에 실린 작가 이름 가운데 무명씨(無名氏)가 많고 노래 제목에도 「무명초(無名草)」가 있지만, "이름 모를 꽃 한 송이"가 정확한 표현이다.

우리나라에 파견되었던 개신교 선교사들의 명단도 근래에 들어와서야 제대로 정리되었다. 교단마다 명단을 정리했으며, 전체적인 명단은 다음 두 책에 비교적 잘 정리되었다.

Clark, Allen D, *Protestant missionaries in Korea, 1893-1983* - 개신교 한국 선교사 명단, 1893-1983, Seoul: Christian Literature Society of Korea, 1987.

김승태·박혜진, 『내한 선교사 총람: 1884-1984』, 한국기독교연사연구소, 1994, 1996(수정증보판)

위 책 가운데 『내한 선교사 총람: 1884-1984』 1996년 수정증보판이 내한 선교사에 대해 비교적 자세한 기록을 담고 있는데, 대한제국 이전부터 일제강점기까지 우리나라에 파견되었던 개신교 선교사의 수는 1,529명이라고 한다. 후기에 들어서면서 여러 차례 한국어 집중강의도 시도되었지만, 초기 선교사들은 대부분 개인수업을 받았으니, 한국어교사의 연인원도 어림잡아 천 명은 될 것이다. 그런데 이들 가운데 대부분의 이름이 알려져 있지 않다.

초기 한국어교사들은 대부분 한학 배경을 가진 지식인들이었지만, 한국어 체계에 대한 언어학적 지식이라든가 언어교수법에 관한 경험이 전무한 경우가 대부분이었기 때문에 무엇을 어떻게 어디에서부터 가르쳐야 할지 막막한 상황이었다. 그러니 한국어를 배워야 할 선교사들이 스스로 학습할 내용을 결정하고 교육 과정의 체계를 결정할 수밖에 없는 학습자 주도형 언어교육 체계 속에서 한국어교육이 시작된 것이다.

예를 들면 선교사들이 일상생활 속에서 일어나는 일거수 일투족의 행위를 한국어교사에게 보이면, 한국어교사가 그에 대한 한국어 표현을 알려주고 이를 연습하여 습득케 하는 전신반응적인 직접교수법이 사용된 것이다.

선교사들의 한국어 학습 목적은 한국인들과의 원활한 의사소통이었기 때문에 정확한 발음 습득을 매우 중요시했다. 그래서 선교사들 스스로 한국어의 교육내용과 교수법, 교육과정을 결정하는 가운데에서도 발음교육 부분은 철저히 한국어교사에게 의존하는 방식을 고수하였다.

1900년대에 들어와서 베어드 목사 부부는 그들의 한국어교수법이 인기를 끌자 일 년에 두 차례씩 평양과 대구에서 번갈아 가며 한국어 단기 집중교육을 실시하였다. 베어드는 이때 선교사들이 교육에 참여하기 위해서는 각자 한국인 교사와 동반할 것을 주문하였다. 이러한 기회를 통해 한국어교사들에게는 언어교수법에 대한 지식을 넓혀 주고, 학습자인 선교사들에게는 한국어 실제 발음을 들려주는 이중적 효과를 낳게 된 것이다.

목회자가 된 경상도의 첫 번째 한국어교사 김재수

초기 선교사들은 로스나 매킨타이어같이 만주에서 먼저 선교하다가 한국과 관련을 맺은 경우도 있지만, 대개는 미국에서 배를 타고 오다가 일본을 거쳐 한국으로 들어왔다. 그런 경우에는 배가 부산에 잠시 들렀다가 인천을 거쳐 서울로 들어왔는데, 이 짧은 시간에 부산이나 경상도와 인연을 맺은 선교사는 별로 없다. 대개는 서울을 거쳐 다시 부산이나 경상도로 파견되어 한국어 공부를 시작하였다.

경상도에 파견된 선교사 가운데 가장 가슴 아픈 경우는 데이비스이다. 호주장로교회가 파송한 헨리 데이비스(Joseph Henry Davies, 1856-1890)와 메리 데이비스(Mary T. Davies, 1853-1941) 남매는 1889년 8월 21일 멜버른을 떠나 10월 2일 부산항에 입항하였다. 부산을 둘러본 후 다시 출항하여 4일 오전 11시에 제물포에 도착했고, 그 다음날 오후 늦게 서울에 도착하였다. 이때부터 서울에서 보낸 5개월 동안 데이비스는 한국어 공부에 전력하였다.[1]

이듬해인 1890년 3월 14일, 누나는 서울에 남겨둔 채 어학선생과 하인, 그리고 매서할 문서와 약간의 약품 등을 준비하여 서울을 떠나 수원, 공주, 경상도 내륙지방을 거쳐 하동까지 내려갔다. 다시 부산으로 향해 20여 일 간 약 500km(300마일)에 이르는 답사여행을 마치고 1890년 4월 4일 금요일 부산에 도착했다. 그는 무리한 도보여행으로 인해 천연두에 감염되었고, 폐렴까지 겹쳐 마지막 5일간은 아무 것도 먹지 못했다. 그가 일본인 의사의 도움을 받았으나 회복하지 못하고, 다음날인 4월 5일 오후 1시경 부산에서 세상을 떠났다. 그가 한국에 온 지 6개월 된 때였다. 이 당시 부산에 체재했던 캐나다 선교사 게일은 데이비스의 시신을 부산시 중구 대청동 뒷산인 복병산(伏兵山)에 매장했다.[2]

---

1 이상규, 『부산경남지방 기독교회의 선구자들』, 고신대학교 출판부, 2012, 21-23쪽을 요약하였다.
2 같은 책, 24쪽.

그가 한국에 와서 한 일이라곤 한국어를 배우고, 선교할 곳을 답사한 것뿐이었다. 서울에서 그에게 한국어를 가르치다가 부산까지 함께 왔던 한국인교사의 이름은 알 수가 없다. 그러나 그의 죽음은 헛되지 않아, 호주장로교회가 한국에 선교사를 파송하는 계기가 되었다.

브루엔의 대구 선교 40년을 정리한 책에 리차드 베어드가 기록한 윌리엄 베어드의 선교 이야기 속에 부산의 낯선 한국어교사가 등장한다.

> 1891년 어느 날, 김재수라는 이름의 한 한국인 남자가 '종창(腫脹)' 치료를 위해서 부산으로 왔습니다. 그러나 그곳에는 고칠 방법이 없었기 때문에 집으로 돌아가야만 했습니다. 부산에 있는 동안 그는 미국인 세관원 하딩 박사를 만나 기독교인이 되었습니다. 그가 상주로 돌아오자마자, 많은 박해를 당해야 했습니다. 그리고 1895년에 그는 상주를 방문한 베어드 선교사를 따라 다시 부산으로 돌아갔고, 결국 아담스 목사의 한국어 선생님이 되었습니다.[3]

김재수(金在洙)는 1854년 11월 3일 경상북도 상주군 낙동면 화산리에서 태어나 8세부터 상주군 화산리 서당에서 공부하다가, 결혼하고 두 아들까지 둔 뒤에 가슴에 심한 종창을 앓았다. 부산선교부에 용한 의사가 있다는 소문을 듣고 1891년에 걸어서 부산 선교부를 찾아갔지만 고치지는 못하고, 하디의 선교를 받아 '빅토리아

---

3 클라라 헤드버그 브루엔, 김중순 편역, 『아, 대구! 브루엔 선교사의 한국생활 40년』 제1권, 평화당출판사, 2013, 39쪽.

장로교 손 목사(Rev. Andrew Adamson)'에게 세례를 받았다. 1895년 5월에 아담스(Rev. James E. Adams)의 한국어교사가 되었다.

이듬해 아담스와 함께 대구에서 선교사로 활동하며 한국어를 배우고 있던 마리 체이스가 미국 해외선교부 엘린우드 총무에게 11월에 보낸 편지 속에 한국어 공부 이야기가 나온다.

> 대구는 우리 사역지로서는 최적이었습니다. … 나는 여기서 이삼 개월 머무를 예정입니다. 나의 한국어 선생이 여기 있고, 나의 공부나 여성 사역도 부산에서와 같을 것이기 때문입니다. … 나의 한국어 공부는 성과가 있어 즐거워지기 시작했습니다. 여기서 10개월을 지낸 후 첫 시험을 통과했습니다. 한국어 공부에 소득이 있어서 첫 해는 정말 감사하는 마음으로 보낼 수 있었습니다.[4]

마리 체이스는 아쉽게도 한국어교사의 이름을 밝히지 않아, 그도 김재수에게 배웠는지, 아니면 다른 교사에게 한국어를 배웠는지는 알 수가 없다.

아담스의 대구기지 첫 번째 보고서(1897-1898)에 다른 선교사의 한국어 공부 이야기도 보인다.

> 나는 다시 4월 7일 경상북도의 동부와 북동부 지역을 2달 동안 순회를 위해 떠날 때까지, 나의 공부방과 사랑방 업무를 보면서 집에 머물렀습니다. … 아내의 건강 때문에 우리는 대구에서 12마일

---

4 같은 책, 43쪽.

정도 떨어진 산속에 있는 불교 사찰 파계사에 가게 되었습니다. 존슨 박사 내외도 우리와 함께 갔습니다. 존슨 박사는 벌써 그곳에서 한국어 공부를 위하여 한참동안 머문 적이 있었습니다. …

내가 대구 시내에 머무는 동안에는 한국어 공부를 위해 아침 시간을 써야 했고, 그렇게 하기 위해서는 어쩔 수 없이 다른 사업들을 큰 폭으로 줄여야만 했습니다.[5]

파계사에서 존슨 박사에게 한국어를 가르쳤던 교사도 김재수는 아닌 듯하다. 서로 다른 곳에서 배웠기 때문이다. 아담스는 주로 오전시간을 정하여 한국어를 배우느라고, 경북 각지를 돌아다녀야 하는 문서선교 시간을 줄여야 했다. 결국은 한국어교사 김재수에게 다른 업무도 부탁하게 되었다.

내년에 내가 이루고자 하는 목표는 이미 언급한 것처럼 순회 설교에 가능한 한 많은 시간을 바치는 것입니다. 위원회의 이런 태도 때문에, 지금까지 나의 한국어 선생님이었던 김재수를 나의 조사(助士)로 삼아도 좋을지를 문의했습니다. …

어쩌면 또 다른 조수는 필요 없을지도 모르겠습니다. 그곳에서 우리의 영향력이 더 커지거나, 선생님으로 혹은 다른 어떤 자격으로든 우리의 일과 관련이 있고 경험이 있는 현지 기독교 신자가 있지 않다면 말입니다. 그 지역에서 유일하게 확보할 수 있는 기독교 신자가 나의 한국어선생님이었는데, 기관지염으로 언제 죽을지 모르는 처지였으니 ….[6]

---

5 같은 책, 44-48쪽.

한국어교사와 조사(助士)를 겸직하던 김재수는 결국 목회자의 길에 들어서게 되었다. 1896년에 대구에서 선교하던 베어드가 서울로 가면서 아담스에게 대구 선교를 인계하자, 한국어교사 김재수도 대구로 따라와 한국어교사 겸 조사로 활동하기 시작하였다. 1897년 겨울에 존슨 의사가 와서 애덤스 가족과 함께 남문 안에서 예배드리기 시작했을 때 그는 이 예배에 참석한 유일한 조선 사람이었다. 그래서 선교사들의 기록에는 그를 경북에서 가장 오래된 교인, 또는 가장 먼저 믿은 장로교인 등으로 기록하였다. 그는 1913년 6월에 평양신학교를 졸업하고, 다음 해 1월 14일 경상노회 제7회 임시노회에서 경남 창원 웅천교회 목사로 장립을 받았다.

교역자로 많이 진출한 경남의 한국어교사들

부산과 경남의 초창기 교역자들을 소개한 이상규의 저서『부산 경남지방 기독교회의 선구자들』에서는 선구자 40명을 「제1장. 복음화의 선구자들」, 「제2장. 초기 전도자들」, 「제3장. 순교자와 수난자들」, 「제4장, 사회·문화 운동가들」, 「제5장. 6.25전쟁기 순교자들」의 다섯 단계로 구분하여 소개했는데, 초창기의 전도자들 대부분은 선교사들의 한국어교사 출신이다. 다음 표는 위 책의 1장과 2장에 소개된 16명의 전도자들 중에서 한국어교육에 종사하였던 이들이 누구인지, 그들이 가르친 선교사들의 이름과 그들의 직분

---

6 같은 책, 49쪽.

을 정리한 것이다.

[표 1] 제1장 복음화의 선구자들

일련번호	이름	한국어교사 여부	가르친 선교사	그 외 직분 /목회사역
1	서상륜 1848-1926 서경조 1852-1938	한국어교사	윌리엄 베어드	조사 목사
2	고학윤 1853-1937	한국어교사	찰스 어빈	조사
3	배성두 1840-1922	약방 경영		장로
4	정준모 1860-1935	한국어교사	어빈	장로
5	이승규 1860-1922	한의사		장로
6	심상현 1870-1894	한국어교사	멘지스	
7	심취명 1875-1958	한국어교사		목사
8	정덕생 1881-1949	한국어교사	엥겔	조사/목사
9	박성애 1877-1961	한국어교사	커를	조사/목사

[표 2] 제2장 초기 전도자들

일련번호	이름	한국어교사 여부	가르친 선교사	그 외 직분 /목회사역
10	이병수 1959-1947			장로
11	박신연 생몰연대미상	한국어교사	앨리스 니븐, 메리 켈리	장로
12	김동규 1857-1915			
13	김주관 1859-?	한국어교사	월터 스미스	조사 / 장로
14	임치수 1873-1953	순회 전도인		장로
15	황보기 1881-1956	한국어교사	프레드 맥레	장로
16	엄주신 1890-1973	한의사		장로

간단히 이렇게 정리한 표만 보더라도, 경남 지역 초기 한국어교 사들이 후일에 어떤 활동을 하였는지 쉽게 알 수가 있다. 그러나 앞에서 소개한 것처럼, 상당수의 한국어교사들은 새로운 지식을 배워서 사회 각계의 전문가로 활동하였다. 전국적으로는 어떤 결 과가 나올지, 한국어교사를 모두 조사하여 데이터베이스를 편찬 해봐야 확인할 수 있다.

인천에서 한국어 교재 번역을 도와주었던 한국어교사

인천(제물포)은 개항 이전에는 작은 어촌이었는데, 1876년 강화 도조약 이후에 개항하면서 대부분의 외국인들이 서울에 가기 위 해 들르는 코스가 되었으며, 조계지(租界地)를 설정한 이후에는 많 은 외국인들이 사는 지역이 되었다.

한국에서 공식적으로 활동한 최초의 서양 선교사로 인정받은 언더우드와 아펜젤러도 이곳에 도착했는데, 이후에 아펜젤러가 내 리교회를 개척하면서 감리교가 활발하게 선교하는 구역이 되었다.

감리교 못지않게 인천에서 성공적으로 선교한 교단이 바로 영국 성공회이다. 성공회는 영국 해군 군종사제(軍宗司祭)로 활동하다가 1889년 한국 주교로 승인된 코프(Charles John Corfe, 한국명: 고요한) 주교부터 한국어를 열심히 공부하여 『한불자전』의 동사 활용편 『ᄒᆞ다』를 편찬하였고,[7] 인천에서 활동한 스콧이 1891년에 영한사

---

7 이숙, 「옥스퍼드 대학 소장 한국 희귀도서 『ᄒᆞ다』 연구」, 『열상고전연구』 제48집,

전을 편찬하였으며, 1893년에는 한국어문법서 *A Corean Manual with Introductory Grammar*를 편찬하였다. 의료선교사 랜디스(Eli Barr Landis, 1865-1898)가 코프 주교의 지시로 1890년 인천에 파견되어 최초의 서양식 병원인 성누가병원(St. Luke Hospital, 樂善施醫院)을 설립하고, 주민들로부터 약대인(藥大人)이라는 존칭으로 불릴 정도로 사랑과 존경을 받았다.

랜디스는 한국어를 빨리 배워, 인천 송림동 한국인 마을에서 고아들과 함께 살다가 장티푸스로 33세에 세상을 떠날 때까지 24편이나 되는 한국학 관련의 짧은 논문을 쓰기까지 하였다. 이 가운데 *The Korean Repository*에 게재한 *Some Korean Proverbs*(1896. 8-10)와 *Numerical Categories of Korea*(1898. 11-12) 등 2편의 논문이 한국어에 관련된 내용이다.[8]

윌리엄 카덴(William A. Carden)이 랜디스의 후임으로 인천에 파견되어, 한옥이었던 성누가병원을 유럽식 벽돌집 랜디스 기념병동(Landis Memorial Ward)으로 신축하고 의료선교를 계속하였다. 카덴이 인천에서 한국어를 공부하면서 1901년에 한국어교재 *Hundred Corean Phrases, With Vocabulary*를 간행하였다. 한국이라는 선교현장에서 외국인이 익혀야 할 문장들을 예전 표기법대로 띄어쓰지 않고 정리한 것이다.

열상고전연구회, 2015.

8 단국학교 동양학 연구소, 『개화기 한국관련 구미 소책자 및 논문 자료집』, 국학자료원, 2003.

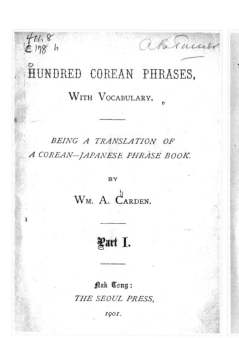

윌리엄 카덴이 1901년에 간행한 한국어 교재
Hundred Corean Phrases, With Vocabulary

카덴이 편찬한 *Hundred Corean Phrases, With Vocabulary* 본문 첫 장

1. 그거슬세여보시오

   Count these things please.

2. 흐나둘셋넷다숫시오

   one, two, three, four, five.

5. 이칙을쏘흔번닑어보시오

   Read this book once more.

8. 일쑨서넛불너오ᄂ라

   Call three workmen.

10. 비열척이드러왓소

    Ten ships have entered.

VOCABULARY.

Wind 바 룸
Thunder 우 래
A red sky, or breakers 놀
Heaven 하 늘
Earth 쌍
A favourable wind 슌 풍
Mist 안 개
Clouds 구 룸
Lightning 번 개
Rainbow 무 지 개
Rainy Season 쟝 마
A Shower 소 나 기
Dew 이 슬
A sound or noise 소 리
A head wind 역 풍
Sulphur springs 온 쳥
A Rock, a boulder 바 위
Mud 진 흙
A bigh hill 놉 픈 산
Rise and walk 니 러 나거 라

Too clear 너 무 북 소
Sea-shore 히 변
A prairie 들
Sand 모 리
Particles, specks of dust 틔 글
After sunrise 히 돗 는 후
Sunset 히 져 가 다
Shined 빗 최 엿 소
Sea water 히 슈
Waterfall 폭 포
A slope 언 덕
Dust 몬 지
Broad level ground 너 룬 평 디
Please stop 그 만 굿 치 시 오
Dusk 어 둔 데
Dawn 붉 은 데
Sea mist 쟝 긔
Hail, violence, force 우 박

The four cardinal points ㅅ 방
Row the boat 노 져 어 라
Cross over 건 네 라
A low hill ㄴ 존 산
Going and coming 왕 리
To be broken up 모 이 다
Little by little, by degrees 졈 졈
To be burnel 든 다
A boat excursion 션 유
Sunk 좀 겻 소
A bare hill 버 서 진 산
Played 노 랏 소
Scenery, a view 풍 졍
An earthquake 디 동
Waves 물 결
To be warm 돗 뜨 ㅎ 다
Four sides ㅅ 면
A brook, a stream 시 내
Fallen into the water 물 속 에 싸 졋 소
Hill and water 산 슈

Spread 샤 라 라
If I spread 쌀 면
I cannot move 움 죽 이 못 ㅎ 오
The first month 졍 웝
The second month 이 월
The third month 삼 월
The fourth month ㅅ 월
The fifth month 오 월
The sixth month 류 월
The seventh month 칠 월
The eighth month 팔 월
The ninth month 구 월
The tenth month 시 월
The eleventh month 동 지 쏠
The twelfth month 셧 쏠
The first day of the month 초 ㅎ 룬 날
The second day of the month 초 잇 른 날
The third day of the month 초 사 흔 날

Vocabulary 첫 장

　　뒤에는 단어장(Vocabulary)이 실려 있는데, 바룸, 우래, 놀, 하늘, 슌풍, 안개, 구룸, 번개, 무지개, 쟝마, 소나기, 이슬, 소리, 역풍 등의 순서로 명사부터 정리하였다. 『천자문』처럼 자연현상부터 소개하였는데, 뒤에도 히변, 모리, 히슈, 노져어라, 션유, 좀겻소, 물결, 물속에싸졋소 등이 소개된 것을 보면 항구도시 인천의 세관원이 도와준 상황에서 만들어진 책이라는 것을 알 수 있다.

　　이 책 서문에는 한국인 강 씨에 대한 감사 인사말이 나온다. 이 책은 *A Corean - Japanese Phrase Book*에 실린 한국어 문장 100개를 뽑아 영어로 번역한 것인데, 카덴은 서문에서 한국어 문장을 영어로 번역하는 일에 제물포 세관에서 일하는 한국인 강 씨의

도움을 받았다는 감사 인사를 기록하였지만 그의 이름 석 자를 모두 밝히지는 못했다. 몇몇 선교사는 서문에서 동역자들의 이름을 밝히기도 하였지만, 대부분은 카덴처럼 성만 밝히거나, 상당수는 성조차 밝히지 않아 그들의 노고가 묻히고 말았다.

선교사 관련 한국어 교재와 사전 등을 총체적으로 연구하기 앞서 먼저 그들에게 한국어를 가르치고 편찬 작업까지 도와준 한국어교사들의 노고를 잊지 말아야 할 일이다. 이를 위해 초기 선교사들의 한국어교사들에 관한 인적사항과 활동 상황을 찾아 총정리하여 데이터베이스로 편찬하는 일이 필요하다.

[부록]

애니 베어드의 한국어학습서
*Fifty Helps*의 내용 연구

1. 들어가기

이 논문의 목표는 19세기 말 국내에 들어와 선교활동을 했던 애니 베어드가 저술한 한국어학습서 *Fifty Helps*의 내용을 분석하는 것이다. 이 책의 원제는 *Fifty Helps: for the Beginner in the Use of the Korean Language*이다. 초기 개신교 선교사들은 처음 국내에 들어와서 본격적인 선교 활동에 임하기 전에 일정 기간의 한국어 학습 시간을 가졌다. 그 당시 선교부의 언어위원회에서 한국어 학습과정을 안내하는 기록이 남아있는데 1891년, 1901년, 1911년의 학습과정이 확인되고 있다. 1891년의 학습과정 안에는 언더우드의 『한영문법』과 스콧의 『언문말책』이 1년차의 학습내용으로 소개되었으나, 1901년과 1911년의 학습과정안에는 앞의 두 책에 앞서 *Fifty Helps*가 1년차의 주요 학습서로 안내된 것을 볼 수 있다.[1] 그

후에도 1920년대에 세워진 Language School에서도 *Fifty Helps*가 오랫동안 초급용 교재로 사용된 것으로 보인다.[2]

한편 1910년 경술국치으로 국권이 늑탈당하게 된 후에 국내에 들어와 활동하던 서양 선교사들은 한국어학습 외에도 일본어학습의 부담을 갖게 되었다. 그러자 George H. Winn은 1914년에 *Fifty helps for the beginner in the use of the Japanese language being an adaptation of Mrs. Baird's fifty helps*라는 책을 출판하였다. 이 책은 *Fifty Helps*의 한국어문장 부분을 일본어 문장으로 교체해 편집한 책으로서 *Fifty Helps*를 통해 한국어를 배운 선교사들에게 동일한 방식으로 일본어를 배울 수 있도록 저작된 일본어 학습서이다. 그만큼 당시의 서양인들에게 *Fifty Helps*의 학습법이 널리 알려져 있었고 학습 효과도 증명되었음을 시사하는 대목이다.

이 책이 이처럼 기관 교육의 교재로 사용되기 이전인 개별 학습 시기에서부터 서양인들에게 널리 사용되어왔고, 그 후 근대기의 교육기관에서도[3] 오랫동안 초급 교육과정의 교재로 사용되어 오면서 초창기의 한국어교육에 크게 기여한 것에 비하면 이 책에 대한 연구가 활발하게 이루어지지 않은 편이다.

최근 한국어교육사에 대한 관심이 높아지면서 다양한 접근 방식으로 연구가 이루어지면서 백봉자(2001), 조항록(2005)에서는 현

---

1 박새암(2018), 66-72쪽 참조.

2 오대환(2011), 183쪽 참조.

3 1907년경부터 Language Class라는 이름으로 애니 베어드의 지도 아래 단기과정의 한국어 집체 수업이 1년에 1~2회씩 간헐적으로 진행되다가 1920년경에는 Language School이라는 한국어교육 기관으로 자리 잡게 되었다.

대적인 한국어교육사의 시점을 중심으로 한국어교육의 시기를 구분하였고, 민현식(2005)에서는 한국어교육사의 근대기 설정 시점에 대해 논의하였다. 한편 근대기의 한국어교재에 관한 연구로는 이지영(2003), 오대환(2012), 김정숙(2012), 고예진(2014) 등이 있는데 주로 20세기 초반에 한국어교육 기관에서 사용된 한국어학습서들을 여럿을 함께 놓고 논제별로 교재를 비교 분석한 것이다.[4] 또한 오대환(2019)에서는 *Fifty Helps*의 초판본에서 6판본에 이르는 내용 구성의 변화를 분석하여 이 책에 대한 본격적 연구의 시작을 알렸다.

그러나 *Fifty Helps*가 서양인 학습자들에게 그토록 오랫동안 한국어교재로 사용되어왔던 내용적 특성이 무엇인지에 대해서는 여전히 간과된 면이 있다. 이 논문에서는 애니 베어드의 생전에 나온 판본 중에서 가장 나중 판본에 해당하는 4판본의 내용을 중심으로 이 책의 내용적 특성을 분석하고 그 당시 서양인들이 한국어학습에 접근하는 모습을 살피고자 한다.[5] 또한 이 책에서 엿볼 수 있는 언어학습법이 현대의 언어교육 방법과 어떠한 연계성을 갖는지를 규명함으로써 이 책이 지닌 한국어 학습교재로서의 가치를 재조명하고자 한다.

---

4 이 중에서 고예진(2014)에서는 *Fifty Helps*의 3판본의 문법연습 활동 내용을 그 이전의 학습교재들과 함께 비교한 바 있다.

5 익명의 심사자께서 선행연구들이 갖는 교재분석틀에 따르지 않음을 지적하였으나, 이 연구에서는 일반적인 교재분석틀에 따르기보다 이 책의 내용 소개와 분석에 집중하고자 이 책의 구성 순서에 따라 분석하였음을 밝힌다.

2. 저자 및 서지 정보

2.1. 저자

저자인 애니 베어드는 남편 선교사인 윌리엄 베어드와 함께 1891년 1월에 국내에 들어와서 1916년에 세상을 떠날 때까지 국내에서 선교와 교육에 헌신한 선교사이다. 이들 부부는 초기에는 부산 지역을 중심으로 선교활동을 하다가 1896년에 대구 지역으로 옮겨 선교 사역지를 개척하였다. 그 후 1897년에 평양에 숭실학당을 건립하면서 교육 선교에 헌신하였다. 특히 애니 베어드는 숭실학당에서 1900년에는 식물학, 천문학, 화학, 물리학, 지리학을 가르쳤고 1901년에는 지리학과 수학을, 1904년에는 천문학, 식물학, 화학, 미술, 작문을 가르쳤다는 기록으로 보아 그녀의 학문적 식견이 매우 폭넓었음을 짐작할 수 있다.[6]

또한 애니 베어드는 미국의 개론적인 책들을 한국어로 번역하여 수업 교재로 사용하였는데,『동물학』(1906),『식물도셜』(1908),『식물학』(1913) 등의 교재들은 한국에서 이 분야 최초의 단행본들이 되었다.

그리고 애니 베어드는 찬송가 번역에도 탁월한 재능을 보였다. 1880년대에 선교사들이 처음 찬송가를 편집할 때에는 언더우드의 번역이 많았지만, 장로교와 감리교가 합동으로 편찬한『찬송가』(1908)에는 애니 베어드의 번역과 창작이 56편이나 실려 가장

---

6 숭실백년사편찬위원회(1997), 81–82쪽 참조.

많았다. 애니 베어드가 영어와 한국어의 율격 차이를 인식하고
서양 곡조를 맞춰서 한국어로 번역했기 때문에 더 자연스럽게 받
아들여진 것이다.

두 사람의 번역 가사를 비교해보면 그 차이가 한눈에 들어온다.[7]

(1)

『찬양가』 1894 언더우드 번역	『찬셩시』 1898 애니 베어드 번역
예수나를사랑하오	예수사랑하심은
성경말씀일세	거룩하신말일세
어린아해임자요	어린거시약하나
예수가피로삿네	예수권세만토다
예수날사랑하오 (3회 반복)	날사랑하심 (3회 반복)
성경말슴일세	성경에쓰셨네

새찬송가 563장에는 이 찬송의 영어 작사자는 A. B. Warner
(1860)이고, 작곡가는 W. B. Bradbury(1862)로 소개되어 있다. 언
더우드와 애니 베어드가 각각 이 찬송가를 한국어로 번역했는데,
애니 베어드는 원곡의 일곱 개 음표에 맞게 7음보 4구로 정확하고
도 쉽게 번역하여 오늘날까지 그대로 애송되고 있다.

2.2. 서지 정보

*Fifty Helps*의 소장이 확인되는 판본은 초판본과 2판본, 3판본,
4판본, 5판본, 그리고 6판본이다. 이중에서 3판본은 영국 국립도

---

7 조숙자(1987), 282-287쪽 참조.

서관에 소장되어 있다.[8]

3판본을 제외한 5개 판본은 모두 국내 소장이 확인된다. 초판본과 4판본은 연세대학교 고서실에 소장되어 있고, 2판본과 5판본은 서울대학교 고문헌실에 소장되어 있다. 6판본은 이화여자대학교 고서실에 소장되었다.[9]

각 판본이 인쇄된 곳은 초판본이 서울의 삼문출판사(Trilingual Press)이고, 3판은 서울 감리교출판사에서 출간하였고, 4판본과 5판본은 일본 요코하마 후쿠인출판사에서 출간하였으며, 6판본은 조선야소교서회(Christian Literature Society of Korea)이다.[10]

출간연도는 초판본이 1896년이고, 2판본은 1898년, 3판본은 1903년, 4판본은 1911년이다. 5판본과 6판본의 출간연도는 각각 1921년과 1926년인데 모두 애니 베어드가 사망한 뒤에 출간된 책이다.

초판에서 6판에 이르기까지 책의 외적 구성은 거의 동일하다. B6(4×6판)의 크기에 해당하는 125mm×176mm의 소책자 크기를 그대로 유지하면서 초판에서 64쪽이던 책의 면수가 4판에서는 100쪽으로, 6판본에서는 117쪽으로 늘어난 모습이다. 책의 내적 구성은 크게 세 부분으로 나뉜다. 첫 부분은 서문 부분으로서 한국어 습득에 필요한 가장 기초적인 지식을 다루고 있다. 여기에서는 한국어의

---

8 고예진(2014), 참조

9 그 외에도 오대환(2019:207)에서는 부경대학교에 4판본과 6판본이 소장되어 있으며, 일본 도쿄대학 문학부 도서실에 초판과 6판이 소장되어 있다고 밝히고 있다.

10 2판본의 표지에는 출판 정보가 없다.

자모에 대한 설명과, 한국어교사에 대해 알아두어야 할 일, 그리고 기본적인 어휘를 품사별로 소개하고 있다. 두 번째는 이 책의 본문에 해당하는 부분으로서 동사 활용형을 중심으로 한 표현문형을 표제 어로 삼아 목록화하였고, 이를 문법적 체계에 따라 활용 연습할 수 있도록 하였다. 그리고 마지막 부분은 부록 형식으로 한국어 습득과 문화적 적응에 도움이 되는 참고사항들을 수록하였다.

3. 내용 분석

이 절에서는 이 책을 구성하는 서문과 문법부, 부록부의 내용을 차례로 살펴보도록 하자.

3.1. 서문 내용

서문에서는 이 책의 학습대상을 밝히고, 참고에 필요한 서적을 안내하고 있다. 먼저 이 책의 학습 대상이 처음 한국어를 배우고자 하는 입문자용이라는 사실을 강조하면서 이미 상당 수준의 한국어 습득이 이루어진 학습자를 고려한 책이 아니라는 점을 강조하였 다. 이는 기존의 한국어 관련 서적들이 초보자들이 접근하기에는 너무 복잡하고 많은 내용을 담고 있어서 초보자가 그 모든 것을 한꺼번에 숙지할 수도 없고 그럴 필요가 없다고 본 것이다. 그러면 서도 초급 학습자일지라도 기존에 나와 있는 사전과 문법서를 참고 하라고 조언하였다. 1896년도의 초판에서는 Scott의 『A Corean

Mannual or Phrase Book, 언문말책(1887)』 그리고 Underwood가 쓴『한영문법(1890)』의 처음 부분에서 한글 자모 운영법을 숙지하라고 권하였다. 또한 Underwood의『한영ᄌᆞ전(1890)』 등을 참고하도록 추천하였다. 그러나 발음 부분에서는 되도록 인쇄물에 의존하지 말고 한국인 교사에게서 직접 발음을 배울 것을 권하였다. 그리고 2판본에서부터는 자모 음가 설명을 보충한 것을 볼 수 있다. 그리고 참고용 사전으로는 Gale의『한영사전(1897)』을 새롭게 추천하였다.

1) 자모 설명[11]

한국어의 고유문자 체계를 소개하면서 자모의 음가를 설명하였다. 특히 자모 음가 설명에 남편인 베어드 목사가 밝힌 견해를 인용했다는 주석을 달아놓았다.[12] 베어드 목사는 기존의 한국어서적에 한국어 음가에 대한 로마자 표기의 혼란과 오류로 인해 서양인들의 한국어 발음이 제대로 형성되지 않은 것을 안타깝게 여겼다. 그는 1895년 5월 *The Korean Repository*에 기고한 글에서 한국어 발음에 대한 로마자 표기법의 필요성을 강조하였다.[13] 그 당시의 로마자 표기 예를 보면 서울이 Seoul이나 Soul로, 평양이 Hpyeng Yang,

---

11 초판에서는 자모 설명 부분이 빠져있다. 그 대신에 스콧의『언문말책』이나 언더우드의『한영문법』 서문에 설명된 자모를 학습하라고 권하였다.

12 * Taken from an article by Rev. W. M. Baird on "The Romanization of Korean Sounds," in *The Korean Repository* for May, 1895. (*Fifty Helps*, 4판본 4쪽의 각주 내용)

13 김용진 옮김,『윌리엄 베어드의 선교리포트 II』, 2016, 205-234쪽 참조.

Phong Yang, Ping Yang, Ping An으로, 원산이 Gensan, Juensuan, Onesan, Wonsan 등과 같이 동일한 도시의 이름에 서너 개의 서로 다른 표기법이 사용되는 상황이었다.

베어드 목사는 통일된 로마자 표기의 중요성에 대해, 한국어를 모르고서도 한국을 여행하려는 외국인에게 도움이 될 뿐 아니라 미래에 한국어 성경을 로마자로 표기할 가능성까지도 염두에 두었을 때 매우 필요한 일이라고 강조하였다.

그리고 기존의 로마자 표기법이 영어 외의 다른 외국어 영향이 강하여, 영어권 화자들에게 만족스러운 음역이 아니라고 지적하였다. 일찍이 '한불자전'을 편찬한 프랑스 신부들이 사용하는 로마자 표기법에서는 평양을 Hpyeng Yang, 서울을 Syeoul, 송광사를 Syong Koang Sa 등으로 프랑스식 음역이 강하게 나타났다. 그리고 중국어와 일본어를 먼저 배운 외국인에 의한 음역 표기법도 문제가 되었다. 베어드 목사는 로스(Ross)나 그리피스(Griffis)의 책에 사용된 음역의 예가 너무나 자의적이어서 한국어 발음 표기에 적절하지 않다고 보았다.[14] 뿐만 아니라 한국어교사들의 발음을 옮겨 적더라도 그들의 출신 지역에 따라 같은 한국어를 서로 다른 발음으로 표기하는 혼란도 있다고 지적하였다.

베어드 목사는 이러한 문제점들을 지적하고, 다음의 다섯 가지 규칙에 기반하여 로마자 표기법이 이루어질 것을 강조하였다.

첫째, 로마자 표기법은 한·영 체계에 따른다.

---

14 로스(J. Ross)가 쓴 한국어 회화책인 『Corean Primer(1877)』와 그리피스(W.E. Griffis)의 『Corea, The Hermit Nation(1882)』을 가리킨다.

둘째, 글자가 아니라 발음을 표기한다. 예를 들어 /전라도/를 [Chyen la to]가 아니라 [Chulla Do]로 표기한다.

셋째, 예외적 발음이 아닌 일반적 발음을 기준으로 한다. /우/의 발음이 때론 /ou/나 /u/로 날 때도 있지만, 규칙적으로 [oo]로 표기한다.

넷째, 명확한 불변의 기호로 표기하는 것이 중요하므로. 오랜 세월 입증된 표준방식인 웹스터 사전 체계를 사용한다.

다섯째. 한국어 글자를 발음대로 표기하고, 이를 영어 글자로 조합하여 표기하는 것을 금한다. 예를 들어 원산은 [Wunsan]으로 표기하며, '원'을 영어의 one이라는 글자에 대응시켜 [Onesan]처럼 음역하지 않는다.

이와 같은 로마자 표기법의 원칙은 현대 한국어의 로마자 표기법에도 그대로 적용되어 발전되어왔다. 조선어학회가 1933년에야 한글맞춤법 통일안을 제정된 것을 감안한다면, 그보다 훨씬 앞서서 한국어 로마자 표기법을 제안한 베어드 목사의 언어학적 탁견이 참으로 놀랍다.

자모의 제시 순서는 먼저 모음 설명이 앞서고 뒤를 이어 자음 설명이 나온다. 모음 제시의 특징은 학습자의 인지적 편의에 따라 배열되었다는 점이다. 모음의 주요 획이 수직인지 수평인지에 따라 나누어 배열함으로써 학습자가 모음의 종류를 쉽게 인지하도록 도왔다.

그리고 모음 획이 수평과 수직이 중첩되는 모음을 제시할 때에는 단모음과 이중모음을 구분하여 순차적으로 제시한 것은 현대국어학의 분류와도 일치되는 것을 알 수 있다.

각 모음의 음가를 설명하는 방식에서는 영어 단어 중에서 가장 근사치의 모음 음가를 지닌 단어와 상응시킴으로써 언어학적 접근법이 아니라 학습자의 모국어 지식에 기대어 설명하는 방식을 택했다. 그러면서도 어절 단위에서 모음 발음에 나타나는 움라우트 현상까지 다룬 것을 보면 당시의 입말 발음을 최대한 설명하고자 노력한 것을 알 수 있다.

(2)

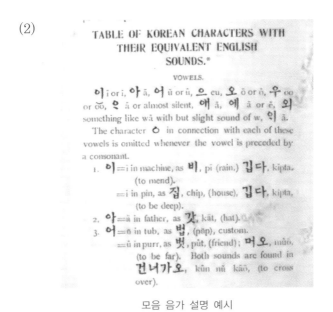

모음 음가 설명 예시

자음 설명에서는 자음을 소릿값에 따라 세 가지로 나누어 제시하였는데, Simple(평자음), Aspirated(격음자음), 그리고 Reduplicated (겹자음)로 분류하였다. 그리고 평자음의 예를 ㄱ/ㅁ/ㄴ/ㄹ/ㅂ/ㅅ/

ㄷ/ㅈ/ㅇ의 순서로 소개하였다. 이와 같은 배열 순서는 자음 음가에 해당되는 영어의 알파벳 순서로서 이 당시 서양인에 의해 집필된 사전들에서도 공통적으로 나타나는 표제어 배열 방식이다.

(3)

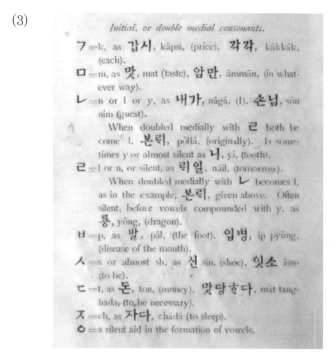

자음 음가 설명 예시

자음 'ㄴ'과 'ㄹ"이 어두에서 음가가 사라지거나 변화되는 두음 규칙 현상을 설명하였고, 자음이 받침 자리에 올 때 다음의 초성 자음 환경에 따라 어떻게 변화된 음가를 갖는지에 대한 음운 변동 현상을 체계적으로 설명하였다.

이 중 눈에 띄는 것은 'ㄹ'이 음절의 종성 위치와 초성 위치에서 소릿값이 /l/~/r/로 변이되는 것을 설명한 것과 'ㅂ'와 같은 파열음이 유무성 구분이 없이 /p/~/b/의 소릿값을 갖는다는 한국어의 특성을 설명한 점이다. 그 외에도 'ㄷ, ㅌ'가 구개음화되는 현상에 대해서도 기술하고 있는 것을 볼 때, 자음의 음운현상에 대한 설명이 현대의 국어학적 설명과 비교해도 손색이 없다.

특히 올바른 발음을 익히기 위해서는 책을 통해서가 아니라 한국인 교사와의 꾸준한 연습이 요구된다는 점을 강조하였다. 그 중에서도 /으, 외, 의/와 같은 모음이나 격음과 경음 자음을 예로 들면서 '외국인에게는 어느 누구라도 어려워하는 발음이니 학습 도중에 쓸데없이 좌절에 빠지지 않도록 해야 한다'는 섬세한 배려의 충고도 엿보인다. 그뿐 아니라 영어 단어에 적용되는 운율적 발음을 한국어에 적용시키는 모국어 전이적 오류를 범하지 않도록 주위를 환기시키는 것도 빼놓지 않았다.

2) 수업진행에 필요한 표현들

저자는 초보 학습자들이 서로 말도 통하지 않는 한국인 교사와 수업하기 위해 가장 먼저 발화해야 할 인사말과 호칭어들을 설명하고 있다. 일종의 메타언어로서 수업진행에 필요한 언어표현을 소개했는데, 4판본까지는 〈The Following〉이라는 제목 아래에 제시하였고, 6판본에서는 〈Early Phrases〉로 소개하였지만 내용은 동일하다.

호칭은 단순하게 어휘 의미로는 설명될 수 없는 문화적인 화용적 표현으로서 한국인 교사와 문화 충돌을 겪는 일이 없도록 배려한 것이다. 그 중에서도 영어에서 자주 사용되는 2, 3인칭대명사의 사용이 허용되지 않는다는 점을 강조하였다. 그리고 한국인 교사와 학습자의 나이 차이가 크지 않을 때와 혹은 한국인 교사가 연장의 경우를 나누어서 적절한 호칭의 예를 제시하였다. 예컨대 나이 차이가 크지 않으면 '김 서방', '고 서방', '정 서방' 등으로 부를 것과 연장인 경우 '선생'으로 부르거나 만일 한국인 교사가 직함이 있는 경우이면 해당 직함을 이용하여 '홍 사과', '서 초시' 등으로 부르도록 하였다. 그리고 만나고 헤어질 때의 인사말 표현을 제시하여 학습자가 제시된 문장 그대로를 쉽게 사용할 수 있도록 하였다.

(4)

When he comes in the morning it is polite to salute him with the query,

평안히줌으셧소?

That is, "Have you slept peacefully?" As you offer him a chair, bid him,

안지시오.

That is "Please be seated." When he leaves the house, he may be bidden to "Go in peace," that is,

평안히가시오.

In return be will doubtless bid you to "Remain in peace," that is,

평안히게시오.

인사말 예시

다음으로 한국인 교사에게 질문할 때 필요한 어휘와 문장을 소개하였다. 서양인들을 가르쳐 본 한국인 교사를 만나는 일은 매우 드문 행운에 속하는 일이며, 대부분의 경우에는 학습자 스스로 한국인 교사에게 어떻게 가르쳐야 할지를 알려줘야 하는 것이 선결 과제라고 조언하고 있다. 교수법에 익숙하지 않은 교사에게 한국어를 배우는 상황에서는 학습자가 질문을 체계적으로 하는 것이 최선의 학습법이라고 보고 질문에 필요한 어휘와 문장을 소개하였다. '이/이것; 그/그것; 이러케/그러케' 등의 지시대명사와 지시부사를 먼저 소개한 뒤에 이들 어휘를 이용한 질문 문장의 예시로 '이것 무엇이오/이말 무엇이오'를 소개하였다.

1893년에 내한한 에비슨 선교사가 처음 한국어를 배울 때의 일화 기록을 보면 애니 베어드에게서 얻은 방법으로 한국어 학습의 단초를 열었던 것을 알 수 있다.

나는 한국말을 전혀 모르고 고 씨는 전혀 영어를 몰랐다. 어떻게 시작해야 할 것인가? 베어드 부인은 나에게 한국말 한마디를 가르쳐 주면서 시작해 보라고 하였다. 그것은 바로 '이것은 무엇입니까?'라는 말이었다. 나는 책상 위의 책 한 권을 들고 물었다. 그랬더니 고 씨는 '그것은 책이오'라고 대답했다. 그래서 나는 'book'이란 단어가 '책이오'인가 보다 생각했다. 계속 배워 감에 따라 모든 낱말이 '이오'로 끝난다는 것을 알게 되었다. 나중에야 베어드 부인은 'book'이란 단어는 '책'이고 '이오'는 동사로서 'is'라고 설명해주었다. 이렇게 해서 나는 그 복잡한 한국말을 배우기 시작한 것이다.[15]

그리고 문장 표현의 존대등급을 묻는 질문과 시제 표현을 묻는 질문 문장의 예시를 보였다. '지금말이오/젼말이오/후말이오'라는 질문 문장으로 시제에 따른 표현법을 배우게 하였고, '눗존말이오/가온디말이오/놉흔말이오'라는 질문으로 존대등급에 따른 표현법도 함께 배우도록 하였다. 그러면서도 한국인들에게는 '시제'나 '존대등급'이라는 용어가 통용되지 않으니 한국인 교사에게 문법적인 용어를 직접적으로 사용하지 말아야 한다고 조언하였다. 이처럼 이 책에서는 문법에만 국한된 것이 아니라 학습자의 눈높이에 맞추어 한국어 학습과정에 일어날 수 있는 다양한 문화적 조언을 수록하고 있다.

그리고 한국어의 서술형과 의문형이 때론 동일한 어미 형태로 나타나기 때문에 '뭇눈말이오'와 같은 질문을 통해 서술형과 의문형의 구분을 확인할 수 있도록 하였다. 또한 '쏙굿소/흔이ㅎ눈말이오/쓸디잇소/쓸디업소/굿흔말무엇이오/모로겟소' 등의 문장을 통해 학습하게 될 표현의 유용성을 확인할 수 있도록 하였고, 아울러 유사한 표현들을 함께 익혀나갈 수 있는 체계를 학습자 스스로 구축하도록 도왔다.

3) 어휘부

서문의 마지막 부분에 필수 어휘를 수록하였다. 어휘는 명사, 대명사, 동사, 부사, 후치사의 5개 품사군으로 나누어서 각 품사

---

15 A. D. Clark, 『Avison of Korean, 에비슨 전기』, 연세대학교 출판부, 1979, 237쪽. (대한성서공회사 1권 192쪽에서 재인용)

에 나타나는 통사상의 특징을 설명한 후, 기본적인 어휘 목록을 제시하였다. 다만 명사와 대명사 어휘는 빠져있는데, 이는 다른 품사 어휘에 비해 교사에게서 배우기 쉬운 어휘군이라고 여겼기 때문으로 보인다. 아래 스크랜턴 선교사의 학습경험 기록에서도 알 수 있듯이 기초적인 명사 어휘는 사물을 지시한다거나 그림을 통해 표현하여 습득할 수 있기 때문에 다른 품사 어휘에 비해 습득 방법이 용이하다고 본 것이다.

> …또 말을 빨리 배울 도리가 도무지 없었다. 책도 없고 선생다운 선생도 없고 통역이라고는 간단한 단어밖에 알지 못하는 사람들이 었다. 명사 어휘는 그런대로 배워 사용할 수 있었지만 동사는 손짓 발짓으로 시늉을 해야 겨우 알아들었으니 정말 우습다기보다는 땀을 빼는 일이었다.[16]

가. 명사와 대명사

명사와 대명사의 설명 또한 간략하게 소개하였다. 영어의 명사나 대명사의 쓰임과 크게 다를 바가 없다고 보았기 때문이다. 한국어의 명사와 대명사가 조사와 함께 쓰이는 현상을 굴곡으로 인식한 점도 영어의 대명사 굴곡 현상과 동일하게 인지했기 때문이다. 그러면서 조사 유형에 따라 주격, 도구격, 관형격, 여격, 목적격, 호격, 처격 조사의 예를 각각 제시하였다. 다만 한국어에서는 대명사의 사용이 그리 활발하게 일어나지 않는다는 점을 설명하

---

16 대한성서공회사 1권, 192쪽 참조.

(5)

NOUN DECLENSIONS.

Root	사룸 ………	person.
Nominative	사룸이 ………	the person.
Instrumental	사룸으로……	by the person.
Genitive	사룸의 ………	of the person.
Dative	사룸의게 ……	to the person.
Accusative	사룸을 ………	the person.
Vocative	사룸아 ………	Oh, person.
Locative	사룸에 ………	to or in the person.

(not used, however, with reference to personal nouns).

Ablative	{사룸에셔) {or 의게셔} …	from the person.
Appositive	사룸은 ………	as for the person.

명사의 격체계

고, 특히 일인칭 대명사를 사용하지 말 것을 강조하였다.

위의 격체계를 익히기 위해 '몰(horse), 갓(hat), 밧(field), 나라 (kingdom), 새(bird)' 등의 명사와 조사를 결합시켜 연습하도록 하였는데, 이는 명사 어휘의 끝음절이 어떠한 받침 소릿값을 갖는지에 따라 조사와 결합되었을 때 명사 어휘의 발음이 변화되는 것을 인지하도록 한 것이다. 아울러 유정명사가 아닌 경우에는 '의게/의게셔' 대신에 '에/에셔'를 사용해야 한다는 설명을 덧붙여서 명사 어휘의 의미자질이 조사 선택에 제약을 주는 현상도 세심하게 설명하였다.

나. 동사

동사에 대한 설명은 서법과 시제 그리고 존대 등급에 따라 활용되는 형태의 예를 제시하였다. 그 중에서도 한국어에서 가장 많이 사용되는 동사 '호다'와 '잇다' '업다'의 예를 중심으로 존대등급과 시제에 따른 활용 형태를 제시한 것이다. 활용 예시는 서술형, 명령형, 관형형, 분사형과 동명사형으로 분류한 후에 현재, 과거, 미래의 시제에 따른 활용형을 예로 보였다. 그리고 이들을 다시 낮은말, 가운데말, 높임말의 존대등급으로 나누어 어미 형태가 어떻게 바뀌는지를 보여 주고 있다.

(6)

시제와 서법 활용 예시

그리고 동사의 일반적 문법 설명 뒤에 동사 어휘를 동작동사와 형용동사로 나누어 제시하였다. 형용동사는 의미면에서는 영어의 형용사에 해당되지만, 기능이나 형태 활용면에서는 동작동사들과 동일한 특징을 반영한 것이다. 예로써 형용동사의 용법이 영어와 달리 'be' 동사 없이 사용한다는 점을 주지시켜 설명한 점이 눈에 띈다. 현대의 한국어교육 현장에서 한국어의 용언을 동작동사와 형용동사로 분류하여 제시하는 것이 학습자 눈높이에 맞춘 베어드식 문법 설명에서 비롯된 것임을 알 수 있다.

어휘 목록 배열 방식은 사전식 배열인 철자 순으로 제시한 것이 아니라 기본 어휘 항목을 정한 뒤에 기본 어휘의 의미장 안에 포함되는 어휘들을 함께 모아서 배열하였다. 예를 들어 동사 '가다'를 기본 어휘 항목으로 설정하면 '오다'를 같은 항목 안에서 함께 제시하였다. 그리고 연달아서 이동의 방식을 표현하는 '걸어가다'가 다시 기본 항목으로 제시한 후에 '달아나다/서다/기어가다/날아가다' 등의 어휘를 같은 항목 안에서 함께 제시하였다.

(7)

〈표 1〉 동작동사

번호	어휘	번호	어휘
1	흐다	8	웃다/울다
2	가다/오다	9	소리지르다/숙은숙은흐다
3	거러가다/다라나다/서다/기어가다/놀아가다/헤염치다/트다	10	경계흐다/권면흐다
4	자다/꿈꾸다/깨다/니러나다/안다	11	쫓차내다/몰아가다/인도흐다/따라가다
5	보다/듯다/맛보다/맛다보다/만져보다/말흐다	12	밀다/잡아다리다
6	먹다/마시다	13	상하다/죽이다
7	고흐다/생각흐다/이상히녀기다	14	낫다/살다/혼인하다/죽다/쟝사흐다

15	나오다/드러오다	25	니저버리다/기억ᄒ다
16	나가다/드러가다/올나가다/ᄂ려가다	26	내여버리다/일허버리다/차잣다
17	사다/팔다	27	이기다/지다
18	바ᄂ질ᄒ다/빨내ᄒ다/다림질하다	28	므ᄅ다/썩다
19	무러보다/대답하다	29	닷다/열다
20	엇다/구ᄒ다	30	자라다/피다/스러지다/익다
21	빌다/도적질ᄒ다/벌다	31	안다(알다)/몰ᄋ다
22	주다/밧다	32	깨둧다/짐작ᄒ다
23	ᄒ여보다/못ᄒ다	33	가져오다/가져가다/보내다
24	어러ᄆ지다/때리다	34	기ᄃ리다/예비ᄒ다/대접ᄒ다

형용동사 어휘 배열의 예에서도 '작다' 어휘 항목 안에 '크다'가 함께 나오고, '달다'의 어휘 항목 안에서 '시다/쓰다/맵다' 등을 한꺼번에 제시함으로써 어휘 의미장 안에서 함께 연상되는 개념을 묶어서 제시한 것을 볼 수 있다. 이렇게 수록된 동작동사의 어휘 항목은 34개 항목이고 의미장으로 함께 제시한 총 어휘는 94개이다. 또한 형용동사는 기본 어휘 항목 40개 안에 총 86개의 어휘가 수록되었다.

(8)

<표 2> 형용동사

번호	어휘	번호	어휘
1	작다/크다	4	길다/넓다/좁다
2	납작하다/둥그럽다	5	키크다/짧다
3	얇다/무겁다	6	묘하다/흉하다

7	둘다/시다/쓰다/맵다	24	일다/늦다
8	덥다/차다/미지근하다	25	갓갑다/멀다
9	아프다/성하다	26	높다/낮다
10	무지다/날카랍다	27	섭섭하다/반갑다/고맙다/감사하다
11	둔하다/뽀족하다	28	헐하다/빗사다
12	가득하다/뷔다	29	적다/만타
13	빗최다/어둡다	30	쉽다/어렵다
14	검다/희다	31	평안하다/답답하다
15	늙다/젊다	32	정하다/더럽다
16	묵다/새롭다	33	약하다/강하다
17	아름답다/뮙다	34	깁다/엿다
18	거짓되다/참되다	35	유익하다/무익하다
19	사오납다/순하다	36	분주하다/한가하다
20	올타/그르다	37	뜨다/날내다
21	착하다/악하다	38	무겁다/가ㅂ얍다
22	무식하다/유식하다	39	부드럽다/단단하다
23	지혜롭다/어리석다	40	부족하다/넉넉하다

다. 부사

부사편에서는 형용사에서 부사를 파생시키는 '-게'조어법과 '-히'조어법을 설명하고 순수 부사 어휘 항목 30개 안에서 85개의 부사 어휘를 제시하였다.

(9)

〈표 3〉 부사

번호	어휘	번호	어휘
1	엇지–엇지ᄒ여/엇더케	16	스스로/자연이/졀로
2	이러케/그러케	17	차차/아까
3	얼넌/어셔/셕이/밧비	18	아직/어느때
4	몃/얼마/얼마나	19	임의/벌셔
5	여러/더러/매우/대단히/그만	20	일생/항샹/늘
6	만/뿐	21	이때/그때/뎌때
7	잘	22	잇다가/오래/요사이
8	다/모두	23	각금/자조
9	너무/더/덜	24	즉시/곳
10	또한/또/도	25	못춤내/ᄆᄌ막
11	더욱/조곰/아마/혹/웨/어데/언제/우연히	26	미리
12	함께/한가지로/한겹이	27	몬져/나종에
13	처럼/갓치/별노/거반/	28	시방/지금
14	부러/일부러/짐즛	29	수이/다시/도로/잠깐/다음에/
15	불가불/미상불	30	이리/여긔/거긔/뎌긔

라. 후치사

영어의 전치사에 해당하는 어휘들이 한국어에서는 명사 뒤에 온다는 특징을 유념시키면서 후치사로 다루었다. 10개의 후치사 항목 안에서 총 23개의 어휘를 수록하였다.

(10)

<표 4> 후치사

번호	어휘	번호	어휘
1	밋헤/우헤/뒤헤/압헤/녑헤/아래에	6	건너
2	중에/가온데	7	후에
3	안헤/업시/인하여/위하여	8	전에
4	외에/밧긔	9	동안에/만에/대로
5	기리	10	드려/더러

이 책에 제시된 어휘는 학습자가 외워두어야 할 학습용 어휘이므로 학습자가 외우기 쉽도록 어휘의 의미 관계를 고려하여 품사별 어휘를 배열한 것을 알 수 있다.

3.2. 문법부 내용

문법부는 이 책의 본문에 해당한다. 앞서 서문에서 소개한 기초지식을 바탕으로 문법 연습을 통해 언어습득이 이루어지도록 하였다. 동사 '후다'의 활용형을 이용한 문법항목을 일련번호로 목록화하고 각 항목을 문법 체계에 따라 연습하도록 구성하였다. 초판부터 3판까지는 문법 항목이 42번에 그쳤으나, 4판에서부터는 책 제목에 맞추어 50번까지 늘어났다. 그 후 6판에서는 문법항목이 새롭게 추가되었지만, 50번 이상의 번호로 연호하지 않고 〈Additional Helps〉라는 제목 아래 따로 추가하였다. 결국 4판본에서부터는 본문에서 제시되는 문법항목 수를 책 제목에 따라 50번으로 고정시키고자 한 것이다. 50개의 문법항목은 다음 표와 같다.

(11)

〈표 5〉문법항목

번호	문법항목	번호	문법항목
1	홀수잇소	23	ᄒᆞᆫ지
2	홀수밧긔업소	24	ᄒᆞ던지
3	ᄒᆞ여라	25	홀째
4	ᄒᆞ지마라	26	ᄒᆞ기젼에
5	ᄒᆞ지못ᄒᆞ오/ᄒᆞ지아니ᄒᆞ오	27	ᄒᆞᆫ후에
6	홀ᄆᆞ음잇소	28	ᄒᆞᆫ는줄아오
7	ᄒᆞ고시브오/ᄒᆞ기슬소	29	ᄒᆞ도록
8	ᄒᆞ기쉽소/ᄒᆞ기어렵소	30	ᄒᆞᆫ지
9	ᄒᆞ면	31	와/과
10	ᄒᆞ거든	32	ᄒᆞ고
11	ᄒᆞ여야쓰겟소	33	ᄒᆞ여, ᄒᆞ야, ᄒᆞ여서
12	ᄒᆞ게ᄒᆞ오	34	ᄒᆞᆫ는디
13	ᄒᆞ랴고ᄒᆞ오	35	ᄒᆞ더라
14	ᄒᆞ러가오	36	ᄒᆞ더니
15	ᄒᆞ오마는	37	ᄒᆞ엿더니
16	ᄒᆞ여도	38	ᄒᆞ던셔
17	ᄒᆞ니	39	ᄒᆞ다가
18	홀듯ᄒᆞ오	40	홀뿐더러, 홀뿐만아니오
19	홀번ᄒᆞ엿소	41	Duty or Obiligation
20	홀만ᄒᆞ오	42	Indirect Discourse
21	ᄒᆞ는테ᄒᆞ오	43	Relative Clauses
22	홀짜넘려ᄒᆞ오	44	Have

45	Is	48	Thanks
46	Comparison	49	Personal Pronouns
47	Assent	50	Apology

위의 표에서 보듯이 문법 항목에는 'ㅎ다' 동사의 연결형과 종
결형, 그리고 덩어리진 표현과 함께 화용적 표현이 포함되었다.
10개의 화용표현 항목은 표제어를 영어로 달았다.

문법항목의 제시 순서에서도 사전식 나열이 아니라 문법항목간
의 의미적 연관성을 고려하여 제시한 것을 알 수 있다. '홀수잇소'
다음에 '홀수밧긔업소'가 제시된다거나 'ㅎ여라' 다음으로 'ㅎ지마
라'가 제시되어 문법항목의 의미 파악에 대한 학습자의 인지적 부
담을 되도록 줄이려한 노력을 엿볼 수 있다.

그러면서도 비슷한 의미 표현의 문법항목 사이에 나타나는 용
법의 차이를 설명하는 일을 잊지 않았다. 예를 들어 'ㅎ면'과 'ㅎ
거든'으로 연결되는 선·후행절의 의미 관계에 '조건'의 의미가 표
현되는 유사성이 있지만 'ㅎ거든'의 후행절에만 나타나는 의미 제
약이 무엇인지를 설명하였다. 아래와 같은 오류 문장의 예를 보
이면서 'ㅎ거든' 뒤에는 결과적 상태를 기술하는 표현이 올 수 없
고, 다만 화자의 선택적 행위를 기술하거나 명령문이 따라온다는
제약을 설명하고 있다.

(12) ㄱ. *칩거든못견디겟소
      ㄴ. *방덥거든파리드러오겟소

'ㅎ면'과 구별되는 'ㅎ거든'의 용법 차이에 대해서는 모국어 화자의 직관으로도 쉽게 설명하기 힘든 부분인데, 이에 대한 차이를 정확히 관찰하고 둘의 용법을 구별하여 설명할 수 있었던 저자의 언어적 통찰력이 실로 놀랍다.

문법항목의 설명 방식은 다음에서 보듯이 해당 항목이 표현하는 의미를 표제어 바로 아래에 영어로 제시한 후, 좀 더 자세한 용법 상황에 대한 설명을 줄을 바꾸어 덧붙였다. 그리고 문법항목이 들어간 예문을 제시한 후에 각 예문에 대응하는 영어 의미를 밑에 달아놓았다. 예문의 형식도 문법항목이 들어간 어절을 기준

(13)

2. 홀수밧긔업소
Literally, "Doing means beside are not," and is equivalent to our idiom. "Nothing else can be done."
Instead of 홀 in this expression take 갈 and you have.

갈수밧긔업소
I cannot but go, or, you, he, she, they, or it, as the case may be, cannot but go.

Or, substitute 볼, and you have,
볼수밧긔업소

I, you, he, etc., cannot but look or see. Take the future participles of any or all the verbs of action that you can get hold of, and run this expression through the present, past and future tenses, low, middle and high talk, and interrogative, as before.

Make up ten short sentences containing this expression. As :—

집에갈수밧긔업소
I, he, she, etc., cannot but go to the house.

날이더울수밧긔업소
The day cannot but be warm.

Etc., Etc.

문법 설명 예시

으로 단어를 교체하여 다양한 의미 표현의 용법을 익힐 수 있도록
한 후에 문장성분을 단계적으로 확장시켜 완성된 문장의 예를 보
여주고 있다.

문법 항목 9번으로 제시된 'ᄒ면'에 소개된 예문의 경우를 보면
다음과 같다.

(14)   ㄱ. ᄒ면됴켓소
        ㄴ. 오면됴켓다
        ㄷ. 교군부르면곳가겟소
        ㄹ. 일ᄒ면삭주겟소
        ㅁ. 부모ᄭᅵ효도ᄒ면안됴켓소

문법의 설명 방식은 연역식 방식으로 의미 파악에 필요한 설명
을 미리 제시하고, 이와 관련된 예문을 보였다. 그 후 서문에서
익힌 방식대로 시제등급과 존대등급에 따라 활용형을 연습하도
록 하였다.

예를 들어 문법 항목 1번으로 제시된 '홀수잇소' 항목에서는 먼저
문자적 의미와 대응되는 영어 의미를 설명한 뒤에 이와 대립되는
의미의 '홀수업소'를 예문으로 함께 보여주었다. 그리고 서문에서
연습했던 방식으로 '지금말/젼말/후말'의 표현을 연습하고 아울러
'늣존말/가온디말/놉흔말'의 활용표현을 연습하라고 조언했다.

(15)

활용연습 예시

　아울러 'ᄒᆞ다' 대신에 '가다/보다/먹다' 등의 다른 동사를 대체하여 '갈수잇소/볼수업소/먹을수업소' 등의 표현을 만들어 본 후에 다시 위와 같은 시제등급 활용과 존대등급 활용의 연습 과정을 반복하도록 하였다. 이러한 반복적이고 기계적인 연습을 마친 후에는 학습자 스스로 표현하고자 하는 내용을 만들어보라고 조언하면서 '아직 부족한 어휘 표현이나 불확실한 발음 부분에 대해서는 사전을 찾아본다거나 주위에서 만날 수 있는 한국인 누구에게서라도 도움을 청해서 10개 정도의 문장을 스스로 표현해 볼 것'을 당부하였다. 이러한 단계적인 연습방식은 현대의 한국어교육 현장에서 사용되는 제시-연습-생산(P-P-P) 형식의 문법연습 방식과 일치하는 것을 알 수 있다.

　다시 1번의 '홀수잇소' 항목의 문법연습 단계를 예문과 함께 도식해 보면 다음과 같다.

(16)

　가. 제시단계(Presentation)

　　① 문자적 의미 제시: '홀doing 수means 잇소are'

　　② 대응하는 영어의미 제시: 'It can be done'

　　③ 대립의미 표현 제시: 홀수업소 'It cannot be done'

　나. 연습단계(Practice)

　　ㄱ. 존대등급별 지금말/견말/후말 활용연습

　　　① 낮존말: 홀수잇다/홀수업다; 홀수잇섯다/홀수업섯다; 홀수잇겟다/홀수업겟다

　　　② 가온디말: 홀수잇소/홀수업소; 홀수잇섯소/홀수업섯소; 홀수잇겟소/홀수업겟소

　　　③ 놉흔말: 홀수잇습니다/홀수업습니다; 홀수잇섯습니다/홀수업섯습니다; 홀수잇겟습니다/홀수업겟습니다

　　ㄴ. 뭇는말에서 존대등급별 지금말/견말/후말 연습

　　　① 낮존말: 홀수잇느냐/홀수업느냐; 홀수잇섯느냐/홀수업섯느냐; 홀수잇겟느냐/홀수업겟느냐

　　　② 가온디말: 홀수잇소/홀수업소; 홀수잇섯소/홀수업섯소; 홀수잇겟소/홀수업겟소

　　　③ 놉흔말: 홀수잇습니가/홀수업습니가; 홀수잇섯습니가/홀수업섯습니가; 홀수잇겟습니가/홀수업겟습니가

다. 생산단계(Produce)
  ① 칙볼수업소
  ② 죠션밥먹을수업소
  ③ 리일갈수업느냐

 이와 같이 이 책에서 제시하는 문법연습 방식은 덩어리진 표현 문형을 익힌 후에 상황에 따라 어휘를 대체함으로써 표현 문형을 다양하게 활용할 수 있도록 구성하였다. 표현 문형이 어떻게 구성되었는가에 관한 자세한 문법 설명보다는 상황에 따라 다른 어휘를 어떻게 대입시키는지에 초점을 둠으로써 학습자들이 문법에 대한 부담감 없이 쉽게 표현할 수 있는 방법을 제시한 것이다.

3.3. 부록 내용

 부록의 내용은 이 책의 학습자들이 한국 선교 현장에서 겪게될 다양한 문화 충돌의 문제를 다루면서 한국인을 대할 때에 지켜야 할 것들과 피해야 할 것들을 나누어 소개하고 있다. 먼저 자주 사용되는 종교 용어를 알파벳 순서로 87개의 어휘를 목록화한 후에 한국어 대역어를 소개하였다. 그리고 찬송가에 나오는 짧은 문장들 중에서 일상에서 유용하게 사용할 만한 것들을 골라 16개의 문장을 통문장 형식으로 제시하였다. 이는 기독교 신앙을 함축적이면서도 짧게 표현한 문장을 통째로 외우는 것이 유용하다고 보았기 때문이다. 그리고 기도문에 자주 사용되는 필수적 표현으로 19개의 문장을 수록하였다.

(17)

에수를밋으면련당에가겟소
If we believe in Jesus we will go to Heaven.

밋지아니ᄒᆞ면디옥에ᄲᅡ질수밧긔업소
If we do not believe in Him there is nothing for us
but to fall into hell.

이말은사롬의말이아니오
As for these words, they are not the words of man.

하ᄂᆞ님의말솜이오
They are the words of God.

It will be good practice for the student to take these
sentences and join them by the proper connectives, as
had been already done in the following.

———————

PRAYER SENTENCES.

하놀에게신우리아바지
Our Father which art in Heaven.

하ᄂᆞ님의게엇은죄를샤ᄒᆞ여주옵시고
Forgive the sins that we have committed against
Thee, and,

죄를질모옴다시먹지말게ᄒᆞ여주옵쇼
셔
grant that we may have no more mind to sin.

찬송가와 기도문 문장 예시

다음으로 피해야 할 내용과 지켜야 할 내용이 각각 7개의 항목
으로 아래와 같이 정리된다.

1) 피해야 할 것
  ① 학습과정의 좌절감 경계하기: 우선 학습자가 가져야 할 태도를
    설명하면서 처음부터 모든 표현들을 낱낱이 습득하는 데에 시
    간을 너무 많이 소비하지 말라고 충고하고 있다. 처음 학습 단
    계에서는 질문 없이 단순하게 배우고 유용한 단어와 표현들
    위주로 익힐 것을 권하였다.
  ② 화용적 표현을 섣불리 흉내 내지 않기: 한국인은 자주 사용하지
    만 외국인이 섣부르게 사용할 때 어색해지는 표현들을 제시하

면서 이들의 화용적 표현은 이 책을 사용하는 초급 단계에서는
적합하지 않다고 하고, 초급 단계에 적합한 화용 표현을 제한하
였다. 예를 들어 '마는/쎄무니/홍샹/혹/모양' 등의 단어를 쓰는
습관을 피할 것을 주문하면서 이들 단어의 쓰임새가 있기는
하나 외국인들이 사용할 정도는 아니라고 설명하였다.

③ 존대형어미 '-소'만 고집하지 말 것: '-소' 어미만 사용하지 말
고, '-지오'형과 같이 공손한 느낌을 주는 문장 어미들을 사용
하도록 권장하였다. 또 의문형 어미를 활용하면 좋은 느낌으로
들린다는 설명을 곁들이면서 화용적 공손법을 소개하고 있다.

④ 낮춤말 사용을 꺼리지 말기: 한국에 처음 온 사람들은 낮춤말이
라는 것이 상대를 멸시하는 것으로 여겨 사용을 꺼리는 경우가
있는데, 낮춤말은 통용되는 표현법으로서 사용해야 할 곳에 반
드시 사용할 것을 강조하였다.

⑤ 외국인이 자주 사용하는 감탄사 남발 금지: 한국어 선생에게
영어로 말하는 과오를 피하고, 'well, oh, ah, yes' 등과 같은
감탄사의 남발을 삼가도록 충고하였다.

⑥ 한국인이 불완전한 말로 소통하는 것을 금지하기: 학습자들이
완전하지 않은 한국말 수준으로 말하면 한국인도 완벽하지 않
게 말하는 것을 그냥 넘기지 말도록 충고하였다. 그리고 한국인
들에게 천천히, 간단하고도 명료하게 그러나 제대로 된 표현으
로 말해줄 것을 분명히 요구하도록 충고하였다.

⑦ 피진어화 되는 것 막기: 영어와 한국어를 뒤섞어 표현하는 피진
어(pidgin)와 같은 소통 방식을 금하라고 충고하였다. 한국어
습득 발달이 완성되지 않은 채 중간언어 단계에서 화석화되는
것을 경계시키면서 처음 3년간은 고통스럽지만 꾸준히 학습에
몰입하고 나면 기쁘게 성취 단계에 이를 것이라고 조언하였다.

2) 지켜야 할 것

아래의 ①~④의 내용이 한국어 학습 과정에서 지켜야 할 내용이라면 ⑤~⑦의 내용은 한국인을 대하는 생활 태도에서 지켜야 할 내용이다.

① 현지인에게 발음 확인받기: 자연스러운 한국어 발음을 습득하기 위해서는 반드시 한국인 에게 발음을 점검받아야 할 것을 강조하였다. 어설프게 발음 표기를 통해 익힌다거나 외국인들을 통해 발음을 배우는 경우에 나타나는 발음 오류를 경계시켰다. 그리고 한국인을 통해 발음 교정을 받는 즉시로 오류 단계의 습성을 빨리 털어낼 것을 강조하였다.

② 한자 배우기: 초판본에는 한자에 대한 언급이 없었지만 뒤에 중간되는 판본에서는 모두 한자를 되도록 많이 배울 것을 권하였다. 그러면서 한자 습득 방식에서 음과 훈을 소리내어 익히는 방법을 통해서 한자 어휘의 의미를 터득해 나가는 과정을 소개하였다.

③ 교회 문서를 읽고 정보 유지하기: 학습자들이 속한 선교단체에서 정기적으로 발간하는 교회문서를 읽도록 권하였다. 이를 통해 학습자의 모국어 환경에서 일어나고 있는 정보에 대해서 관심을 유지할 것을 권고하였다. 이는 직접적인 한국어 학습 내용은 아니더라도 학습자의 정보성이 활성화될수록 언어 학습 동기가 촉발되는 효과를 강조한 것이다. 이는 사회적·문화적 환경의 자극이 언어습득 발달에 도움이 된다는 Vygotsky(1978)의 사회구성주의적 관점의 교육원리와 통한다.[17]

④ 선배 선교사에게 묻고 정보구하기: 선배 선교사들에게 도움

청하는 일을 주저하지 말라고 권하였다. 선배 학습자들의 경험이 한국어 학습과정에 나타나는 시행착오를 줄일 수 있고, 한국어 습득의 효율성을 높일 수 있음을 강조하였다.

⑤ 인사예절 문화 존중하기: 한국인 선생이나 비슷한 계급의 한국인들과 마주칠 때 어떠한 태도로 인사를 해야 하는지에 대해 설명하였다. 건성으로 간단히 하는 것이 아니라 정식으로 인사할 것을 잊지 말고, 말할 때는 몸은 정면을 응시하되 반쪽 돌린 채 또박또박 말하라고 충고하였다. 신분이 높든 낮든 간에 한국인이 인사하면 제대로 받아줘야 할 것이고, 특히 나이 든 사람이 들고 나갈 때 일어서야 한다고 설명하였다.

⑥ 남녀유별 문화 존중하기: 남성 선교사들이 한국 여성들을 대해야 할 필요가 있을 시에는 빠르게 쳐다보고 거리를 두어야 그들이 편안하게 느낀다고 설명하면서 아무리 친절하고 가깝게 대하고자 하더라도 너무 바짝 다가서지 않도록 하라고 충고하였다. 같은 맥락으로 젊은 여성 선교사는 한국인 선생으로 젊은 남자보다는 연배가 있는 쪽을 택할 것을 권하였다. 그리고 한국 사람들 앞에서 남녀 선교사들이 고국에서 하듯이 자유롭게 친밀한 태도로 행동하지 말 것을 당부하였다.

⑦ 체면 지켜주기: 한국 사람들은 체면을 매우 중요하게 생각한다는 사실을 주지시켰다. 서양인들이 생각하기엔 아무런 손해되는 일이 없는 것 같은 상황에서도 한국인들은 다른 사람 앞에서 체면을 잃는 것처럼 생각하게 되는 경우가 있으니 한국인의 체면을 지키게 해 주어야 한다고 설명하였다.

---

17 Vygotsky, L. (1978) 참조.

4. 교재적 가치

이상에서 *Fifty Helps*의 내용을 살펴본 바에 의하면, 이 책이 초급용 한국어교재로 그토록 오랫동안 활용된 데에는 다음과 같은 가치를 지녔기 때문으로 분석할 수 있다.

첫째, 손쉬운 접근성이다. 한국 어휘와 문법요소들을 망라한 기존의 문법서와 사전은 초급 학습자들에게는 버거울 수밖에 없다. 그런데 이 책에서는 초급 학습자들이 우선적으로 대화에 필요한 표현항목을 50개로 간추려서 입문 단계를 성공적으로 넘어설 수 있도록 하였다. 이처럼 한국어 학습에 손쉽게 접근할 수 있도록 학습자의 부담감을 완화시키는 정의적 효과가 이 책의 이용도를 높여준 것으로 볼 수 있다.

둘째, 준비된 한국어교사를 찾기 어렵던 시절에 교사에 대한 의존도를 낮추고 학습자 주도형의 학습법을 적용한 교재라는 특징이다. 이 책에서는 문장 구성의 핵심 표현을 표제어로 삼았다. 학습자가 문장 표현 의미를 파악한 뒤에 어휘 교체 연습과 문법 변형 연습을 통해 핵심 표현의 사용이 숙달될 수 있도록 구성되었다. 그런 뒤에 학습자는 자신이 생산한 문장들이 올바로 표현된 것인지를 한국인 교사에게 확인받도록 안내되었다. 이러한 학습 과정은 교사의 능력 여하에 크게 좌우되지 않고 선순환적으로 이루어질 수 있는 학습방안이다. 이는 학습자의 인지적 능력을 강조하는 현대의 언어 교수법에서도 교사가 임시적 도움을 주는 스캐폴딩(scaffolding) 역할에 머무는 것이 학습자의 유창성 발달에

오히려 도움이 된다고 보는 것과 통하는 내용이다.[18]

셋째, 의미장을 이용하여 초급 학습자용 어휘 목록을 간추린 특징을 들 수 있다. 어휘 제시 방법 또한 사전식 철자순이 아니라 어휘의 의미 관계를 고려하여 기본 어휘의 의미장에 들어오는 어휘들을 함께 묶어 제시하여 학습자들의 인지적 부담을 최소화했다는 점이 특징이다.

넷째, 연습과 생산의 과정이 포함된 점이다. 이 당시의 기존 문법서에서는 문법 설명과 예문 제시에 지나지 않아서 학습자가 일방향적으로 수용해야 할 뿐이었으나, 이 책에서는 학습자가 문법 체계에 따라 주도적으로 연습하고 나아가 문장을 생산하는 과정이 포함되어 있다.

Richards(2001)는 언어학습 교재에는 학습자에게 목표 언어 자료를 입력(input)시키는 역할과 목표 언어를 연습(practice)시키는 역할이 함께 담겨 있어야 한다고 강조한다.[19] 이러한 맥락에서 보자면 입력만 있고 연습이 부족했던 그 당시의 기존 문법서와 비교했을 때 *Fifty Helps*는 언어 교재가 지녀야 할 두 가지 역할을 모두 갖추었다고 볼 수 있다.

마지막으로 언어 습득 발달에 문화 소통의 중요성을 강조한 점이다. 이 책에서는 학습자의 문화와 한국의 문화 사이에 존재하

---

18 Donato, R. (1994), "Collective scaffolding in second language learning", In J. P. Lantolf & G. Appel (eds.), *Vygotskian approaches to second language research*. Norwood, NJ: Ablex, pp.33–56.

19 Richards, J. C. 2001, *The Role of Textbooks in a Language Program*. Cambridge, UK: Cambridge University Press.

는 격차를 정확히 인지하고, 문화적 소통 방식에 대해 자세히 언급하였다. 호칭어와 존대법의 사용 문제, 인사말의 쓰임, 남녀유별 문화에 대한 행동 양식을 자세히 조언하고 있어서 언어 학습에서 문화적 소통의 중요성을 강조하였다. 이는 언어형태에 초점을 맞추는 교수법에서 언어의 화용적 기능과 문화 맥락을 강조하는 교수법으로 변화하는 현대적 흐름과도 일치하는 것이다.

5. 맺음말

*Fifty Helps*는 초기 개신교 선교사들의 한국어학습서로 오랫동안 사용되면서 한국어교육사에 중요한 역할을 담당하였다. 그러나 이 책의 기여도에 비해 그동안 이 책의 내용에 대한 고찰이 활발히 이루어지지 않았다. 이 논문에서는 4판본을 중심으로 내용적 특성을 살피면서 이 책의 교재적 가치를 분석하였다.

이 책은 그 당시 최초로 초급용 어휘와 기본적인 표현 문형을 간추려 제시함으로써 한국어 입문의 문턱을 낮추어 놓았다. 그리고 의미장을 이용한 어휘 제시 방식으로 여러 개의 어휘를 쉽게 한꺼번에 습득할 수 있도록 도왔다. 또한 기본적인 표현 문형을 연습하여서 다양한 상황에서 교체 변형하여 사용할 수 있도록 구성함으로써 학습자들이 말문을 쉽게 열 수 있도록 하였다.

이 당시의 기존 문법서에서는 문법 설명과 예문 제시에 지나지 않아서 학습자가 일방향적으로 수용해야 할 뿐이었으나, 이 책에서는 학습자가 문법 체계에 따라 주도적으로 연습하고 나아가 문장을 생산하는 과정이 포함되어 익힘책(workbook)의 기능까지도 겸비한 셈이다. 뿐만 아니라 언어 습득 발달에 문화 소통의 중요성을 인지하고 세심하게 조언함으로써 학습과정에서 일어날 수 있는 불편한 점들을 미리 예방할 수 있도록 도왔다.

이 책의 어휘 제시 방식과 표현 문형의 연습 방식은 오늘날의 한국어교육 현장에서 사용되는 방식과 크게 다르지 않다. 따라서 이 책은 현대의 한국어교수법에 매우 중요한 단초를 제공하였다고 할 수 있다.

〈참고문헌〉

고예진(2014), 「초기 한국어 문법 학습의 언어자료 특성 연구」, 『청람어문교육』 49권, 청람어문교육학회, 289-320쪽.

김정숙(2012), 「19세기 말의 한국어 학습서 연구」, 『이중언어학』, 이중언어학회, 87-109쪽.

대한성서공회(1993), 『대한성서공회사 I. 조직·성장과 수난』, 성인문화사.

민현식(2005), 「한국어교육학 개관」, 『한국어교육론 1』, 한국문화사, 13-27쪽.

박새암(2018), 「개신교 선교사 한국어교육의 형성과 전개에 대한 사적 연구」, 한성대학교 대학원 한국어문학과 박사학위논문.

백봉자(2001), 「교재와 교수법을 통해 본 한국어 교육의 역사와 과제」, 『외국어로서의 한국어교육』 25-1, 연세대학교 한국어학당, 11-31쪽.

숭실백년사편찬위원회(1997), 『숭실대학교 100년사 I-평양숭실편』, 숭실대학교 출판부.

오대환(2019), 「선교사의 조선어 학습서 FIFTY HELPS FOR THE BEGINNER IN THE USE OF THE KOREAN LANGUAGE에 관한 연구」, 『언어와 문화』 15-1, 한국언어문화교육학회, 203-222쪽.

오대환(2011), 「해방 전 기독교 선교사를 위한 조선어교육에 관한 기록의 발굴」, 『한국어교육』 22-3, 국제한국어교육학회, 177-194쪽.

오대환(2012), 「Korean for Beginners를 통해 본 해방 전의 조선어교육」, 『한국어교육』 23-3, 국제한국어교육학회, 159-193쪽.

김용진 역(2017), 『윌리엄베어드 선교일기』, 숭실대학교 한국기독교 박물관.

이지영(2004), 「근현대 한국어 교재의 사적 고찰」, 『국어교육연구』, 13, 서울대학교 국어교육연구소, 503-541쪽.

조숙자(1987), 「초기 한국찬송가 번역자·작사자 연구」, 『장신논단』, 장로회신학대학교 출판부, 276-320쪽.

조항록(2005), 「외국어로서의 한국어교육사」, 『한국어교육론1』, 한국문화사, 29-70쪽.

A. D. Clark(1979), 『Avison in Korea, 에비슨전기』, 연세대학교 출판부.

Donato, R.(1994), "Collective scaffolding in second language learning", In J. P. Lantolf & G. Appel (eds.), *Vygotskian approaches to second language research. Norwood*, NJ: Ablex, pp.33-56.

Richards, J. C.(2001), *The Role of Textbooks in a Language Program*, Cambridge, UK: Cambridge University Press.

Vygotsky, L.(1978), "Interaction between learning and development", *Readings on the development of children*, 23(3), pp.34-41.

M. F. Scranton, "Woman's Work in Korea", KRP, Jan. 1896, pp.2-3. (대한성서공회사 1권, 192쪽 재인용).

George H. Winn(1914), *Fifty helps for the beginner in the use of the Japanese language being an adaptation of Mrs. Baird's fifty helps*, 조선야소교서회.

〈자료〉

Fifty Helps: for the Beginning in the use of the Korean Language

1st Edition(1896), 연세대학교 국학자료실 소장본

2nd Edition(1898), 서울대학교 고문헌자료실 소장본

4th Edition(1911), 연세대학교 국학자료실 소장본

6th Edition(1926), 이화여자대학교 고서실 소장본

이숙 李淑

연세대학교 국어국문학과를 졸업하고 동대학원에서 석사학위를 받았으며, 미국 하버드
대학교 언어학과에서 박사학위를 받았습니다. 연세대학교 한국어학당에서 외국인들에
게 한국어를 가르쳤고, 미국 하버드대학교 동아시아학과에서 전임강사로 재직하였습니
다. 국민대학교 교양과정부에서 조교수를 거쳐, 현재 전주대학교 한국어문학과에 재직
중입니다. 저서로는 『한국어이해교육론』(공저, 형설출판사)과 『실용한국어3』(공저, 다
락원)이 있고, 한국어학습자의 오류를 다룬 논문들이 있습니다.

초기 개신교 선교사들의 한국어교사

2020년 5월 29일 초판 1쇄 펴냄

지은이 이숙
펴낸이 김흥국
펴낸곳 도서출판 보고사

책임편집 이순민
표지디자인 손정자

등록 1990년 12월 13일 제6-0429호
주소 경기도 파주시 회동길 337-15 2층
전화 031-955-9797(대표)
　　　02-922-5120~1(편집), 02-922-2246(영업)
팩스 02-922-6990
메일 kanapub3@naver.com / bogosabooks@naver.com
http://www.bogosabooks.co.kr

ISBN 979-11-5516-195-1　03230

ⓒ 이숙, 2020

정가 16,000원